Deutsch 2000

Eine Einführung in die moderne Umgangssprache

BAND 2

Arbeitsbuch

MAX HUEBER VERLAG

DEUTSCH 2000
Eine Einführung in die moderne Umgangssprache
Band 2
Arbeitsbuch von Manfred Glück

Bildnachweis:

Fotos:

S. 15, 32, 37, 52, 53, 64, 68, 111, 121, 126 Bilderdienst Süddeutscher Verlag, München.
S. 8, 19, 22, 67 Manfred Glück, München; S. 103 mit freundlicher Genehmigung der Firma Philips GmbH, Hamburg.

Textillustrationen:

S. 9, 78, 83, 99 Herbert Horn, München; S. 11 mit freundlicher Genehmigung der Firma Krauss-Maffei AG, München; S. 24/25 © ZEIT-magazin/Hanno Engler; S. 42 Peter Großkreuz, mit freundlicher Genehmigung von Frau Ingeborg Großkreuz; S. 59 Der Nachdruck der in diesem Buch verwendeten Bildgeschichte „Der gelöschte Vater" erfolgte mit Genehmigung der Gesellschaft für Verlagswerte GmbH, Kreuzlingen, aus dem Zeichenwerk e. o. plauen „Vater und Sohn", Band 1, erschienen in der Südverlag GmbH, Konstanz (1949); S. 74, 120 mit freundlicher Genehmigung von Ernst Hürlimann, München; S. 89 mit freundlicher Genehmigung von Eberhard Holz, Villefranche sur Mer/AM, Frankreich.

ISBN 3–19–22.1181–4
© 1975 Max Hueber Verlag München
5 4 3   1981 80 79 78 77
Die jeweils letzten Ziffern bezeichnen Zahl und Jahr des Druckes.
Alle Drucke dieser Auflage können nebeneinander benutzt werden.
Umschlagzeichnung: Erich Hölle, Otterfing
Gesamtherstellung: Druckerei Ludwig Auer, Donauwörth
Printed in Germany

Inhaltsverzeichnis

Lektion 1

1. *Vergleichen Sie diesen Text mit dem Text in Ihrem Lehrbuch:*

Thomas und Michaela Bauer saßen im Wohnzimmer. Sie las Zeitung und er beschäftigte sich mit seinen Briefmarken. Plötzlich fragte sie ihn, ob er sich für einen modernen Mann hält. Aber Thomas konnte darauf keine Antwort geben, denn darüber hatte er noch nie nachgedacht. Thomas hatte zwar einen Vollbart und lange Haare und ging nur dreimal im Jahr zum Friseur. Er hatte unbedingt mit neunzehn heiraten wollen ...

Und jetzt erzählen Sie weiter!

2. *Setzen Sie ein:* einer, eins, eine

a. Du wünschst dir doch schon lange ein weißes Schloß am Meer.
   Hier steht ..... !
b. Du wolltest doch schon immer einen roten Sportwagen.
   Hier steht ..... !
c. Marianne hat sich schon immer eine schwarze Pelzjacke gewünscht.
   Hier hängt ..... !
d. Suchst du nicht schon lange einen gelben Pullover?
   Hier liegt ..... !
e. Ich brauche für das Konzert heute abend unbedingt ein weißes Hemd. –
   Im Schrank liegt ..... !
f. Nehmen wir ein Taxi? – Ja, schnell, dort kommt ..... !
g. Habt ihr keinen Plattenspieler? – Doch, im Wohnzimmer steht ..... !

3. keiner, keins, keine *usw.*

a. Warten Sie auch auf den Bus? – Ja, aber leider kommt ..... .
b. Wir brauchen unbedingt einen Babysitter. – Aber wir finden leider
   ..... .
c. Kannst du mir etwas Geld geben? – Tut mir leid, ich habe selbst ..... .
d. Sitzen Sie auch jeden Tag vor dem Fernseher? – Nein, ich habe nämlich
   gar ..... .
e. Kennst du eine Frau, die berufstätig ist und dabei drei Kinder versorgen
   kann? – Nein, ich kenne ..... .

4. einen, keinen, keine *usw.*

a. Hast du Karten für das Konzert am Sonntag besorgt? – Ich wollte, aber es gab leider ..... mehr.

b. Was, Sie haben noch kein Zimmer in Frankfurt? Dann müssen Sie aber schnell ..... bestellen.

c. Hast du die Rechnung beim Zahnarzt schon bezahlt? – Nein, er hat noch gar ..... geschickt.

d. Nehmen Sie die Maschine um 20.15? – Ja, später geht ..... mehr.

e. Fahren Sie mit der U-Bahn in die Stadt? – Nein, hier gibt es leider noch ..... .

f. Gibt es hier in der Nähe ein Postamt? – Ja, in der nächsten Querstraße ist ..... .

g. Suchst du immer noch eine Wohnung? – Nein, ich habe letzte Woche ..... gefunden.

h. Ich brauchte unbedingt ein Taxi, aber leider kam ..... .

5. womit?/mit wem? – damit, mit ihm *usw.*

a. Womit hat Herr Neumann soviel Geld verdient? Mit seiner Gastwirtschaft? – Nein, ... kann er nicht soviel Geld verdient haben.

b. Mit wem warst du gestern im Kino? Mit Karin? – Nein, ... war ich schon lange nicht mehr im Kino.

c. Womit wollen Sie in Urlaub fahren, wenn Sie dafür sind, daß man die Autos abschafft? Mit dem Fahrrad? – Natürlich, ... sind wir früher auch in Urlaub gefahren.

d. Mit wem wollen Sie über dieses Problem sprechen? Mit ihrem Chef? – Ich weiß nicht, ob ich ..... darüber sprechen kann.

6. dabei, dafür, daran, damit, darüber

a. Erinnerst du dich noch an unseren Besuch im Deutschen Museum? – Natürlich erinnere ich mich noch ..... .

b. Können Sie Ihrem Sohn bei den Mathematikaufgaben helfen? – Nein, ... kann ich ihm leider nicht helfen.

c. Fahren Sie mit Ihrem Auto jeden Tag ins Büro? – Nein, ... fahre ich nur am Sonntag.

d. Interessieren Sie sich für alte Uhren? – Nein, ... habe ich kein Interesse.

e. Finden Sie nicht auch, daß eine Weltregierung das beste wäre? – Das weiß ich nicht, ... habe ich noch nie nachgedacht.

f. Willst du heute den Wagen waschen? – Ja! – Soll ich dir . . . . . helfen?

g. Sie sollten sich unbedingt einen neuen Fernseher kaufen. – Ja, aber . . . . . muß ich erst mit meinem Mann sprechen.

7.

> Ich bleibe zu Hause und versorge die Kinder, weil meine Frau berufs-
> tätig ist.
> Würden Sie auch zu Hause bleiben und die Kinder versorgen, wenn Ihre
> Frau berufstätig wäre?

a. Ich helfe meiner Frau bei der Hausarbeit, weil sie noch in der Ausbildung ist.

b. Ich arbeite wieder im Büro, weil meine Kinder mit der Ausbildung fertig sind.

c. Ich helfe meinem Sohn bei den Hausaufgaben, weil er in Mathematik
schlecht ist.

d. Ich nehme das Zimmer nicht, weil in diesem Haus Haustiere verboten
sind.

e. Ich gehe nach Hause, weil ich müde bin.

8. an, bei, für, mit, über

a. Meine Frau interessiert sich überhaupt nicht . . . . . Politik.

b. Schon die griechischen Philosophen haben . . . . . dieses Problem nachgedacht.

c. Erinnern Sie sich noch . . . . . Anke Reichel? Sie beschäftigte sich nur
. . . . . Politik.

d. Herr Meyer hat seiner Frau noch nie . . . . . der Hausarbeit geholfen.

9. *Kürzlich stand in der Zeitschrift „Brigitte":*

70% (Prozent) aller Hausfrauen glauben, daß ihre Männer den Haushalt
genauso gut führen könnten wie sie. Aber tatsächlich bleiben doch immer
die Frauen zu Hause.
Halten die Ehemänner das eigentlich für selbstverständlich?
„Brigitte" machte auch dazu eine Umfrage. $\longrightarrow$

7

Hier sind drei Antworten:

Warum ist Ihre Frau zu Hause?

Günther A., 38, Beamter, zwei Kinder

Erstens würde meine Frau in ihrem Beruf als Verkäuferin nur wenig Geld verdienen. Zweitens hat sie mit Kindern, Hund, Haus und Garten genug zu tun. Natürlich ist das manchmal etwas langweilig, aber das ist die Berufsarbeit auch. Außerdem ist es auch für die Kinder wichtig, daß die Mutter zu Hause ist. Und wenn ich abends nach Hause komme, möchte ich nicht auch noch bei der Hausarbeit helfen.

Peter F., 24, Taxifahrer, keine Kinder

Meine Frau hat keine Berufsausbildung. Sie hat mal hier und mal da gearbeitet. Spaß hat ihr das nie gemacht. Wir finden beide, daß es genug ist, wenn einer jeden Tag acht Stunden arbeitet. Sie hat jetzt das erste Mal in ihrem Leben die Möglichkeit, zu tun, was ihr Spaß macht. Sie langweilt sich nie, weil sie viele Leute kennt und sich für viele Dinge interessiert. Der Haushalt ist nicht so wichtig. Ich habe nicht geheiratet, weil ich ein Dienstmädchen brauche. Ich kann mir auch vorstellen, daß ich zu Hause bleibe und meine Frau arbeiten geht. Dann hätte ich mal eine schöne Zeit.

Dieter G., 34, Filmregisseur, ein Kind

Es gibt nur einen einzigen Grund, warum meine Frau zu Hause ist: unsere zweieinhalbjährige Tochter. Wenn unsere Tochter mit drei Jahren in den Kindergarten kommt, wird meine Frau wieder einen Beruf ausüben. Vielleicht geht sie in ihren alten Beruf als Fotografin zurück. Auf jeden Fall soll sie nur noch tun, was ihr Spaß macht und was sie interessiert. Ich glaube, daß sich meine Frau sehr darauf freut. — Wenn meine Frau einen Beruf hätte, in dem sie mehr verdient als ich, würde ich zu Hause bleiben. Aber natürlich auch nur bis unsere Tochter im Kindergarten ist.

Was ist Ihre Meinung dazu?

a. Welche Einstellung halten Sie für die beste?

b. In jeder der drei Antworten gibt es Argumente, die richtig sind. Welche sind das nach Ihrer Meinung?

c. Könnten Sie sich vorstellen, daß Sie zu Hause bleiben, während Ihre Frau berufstätig ist?

10. Familie Reichel und ihre Probleme

a. Beschreiben Sie mit je zwei oder drei Sätzen den Inhalt der Bilder.

b. Frau Reichel ist Politikerin. Welche Probleme ergeben sich daraus für ihren Mann?

Wörter und Wendungen, die Sie für Ihre Beschreibung vielleicht brauchen können:

1. die Wahlversammlung, das Rednerpult, das Mikrophon; eine Rede halten
2. der Neubau, der Bauplan, ein ratloser Arbeiter; im Auto davonrasen
3. der Kindergarten
4. die Kinder füttern, baden, wickeln; zu Bett bringen

Lektion 2

**1. Mit 500 Stundenkilometer von Stadt zu Stadt –
aber wie geht es dort weiter?**

Mit 500 km/h von City zu City –
bei uns ist die Technik
von morgen zu Hause

Das Schnellverkehrssystem der nahen Zukunft –
TRANSRAPID von Krauss-Maffei.

TRANSRAPID – Symbol der Verkehrstechnik von morgen,
Symbol für Krauss-Maffei heute.

a. Das Problem ist das gleiche wie beim Flugverkehr.
So dauert zum Beispiel der Flug von München nach Frankfurt 40 Minuten. Die Fahrt vom Flughafen Frankfurt bis in die Innenstadt dauert,
wenn Sie Pech haben, eine volle Stunde. Sie brauchen also für diese
zwanzig Kilometer um die Hälfte länger als für die 400 Kilometer von
München nach Frankfurt. Das große Problem ist nicht, wie man die

11

Fahrtzeiten zwischen den einzelnen Städten verkürzen kann, sondern wie sie in den Städten verkürzt werden können.

Transrapid, der Zug der Zukunft, der seit einiger Zeit auf einer Versuchsstrecke bei Augsburg erprobt wird, kommt für diesen Nahverkehr natürlich nicht in Frage – dafür ist er viel zu schnell und zu teuer.

b. In den Rathäusern der Großstädte hat man sich über das Problem des Nahverkehrs seit langem Gedanken gemacht. Es gibt viele Vorschläge, z. B.:

Hochstraßen, Tunnels, Brücken, Schnellstraßen bauen;

das System der öffentlichen Verkehrsmittel ausbauen;

an den Endhaltestellen der Schnellbahnen, Untergrundbahnen (= U-Bahnen), Straßenbahnen und Busse große Parkplätze anlegen und die Innenstädte für den privaten Autoverkehr sperren.

Schreiben Sie dazu einen kurzen Artikel. Entscheiden Sie sich für einen der Vorschläge!

Zum Beispiel:
Es müssen mehr Hochstraßen und Tunnels gebaut werden, damit der Autoverkehr in den Städten schneller wird; usw.

2. *Ergänzen Sie diese Sätze:*

Eine Fernschnellbahn wird gebaut.
  (in der Bundesrepublik)
In der Bundesrepublik wird eine Fernschnellbahn gebaut.
  (bis 1985)
Bis 1985 wird in der Bundesrepublik eine Fernschnellbahn gebaut.

---

a. Eine Arbeitsgruppe wurde gebildet.
    (schon im Jahre 1969)
    (für dieses Projekt)
b. Ihre Ergebnisse wurden veröffentlicht.
    (Ende 1972)
c. Der Flugverkehr wird eingestellt.
    (nach Hannover)
    (ab sofort)

d. Dreißig Techniker beschäftigen sich mit diesem Projekt.
   (seit drei Jahren)

3. *Erinnern Sie sich?*

a. In der Bundesrepublik wird eine Fernschnellbahn ....
b. Schon im Jahre 1969 wurde eine Arbeitsgruppe für dieses Projekt
   ....
c. Ihre Ergebnisse wurden Ende 1972 ....
d. Ein Prototyp wurde schon im Oktober 1971 ....

4. *Setzen Sie ein:* abgeschafft, begonnen, bestellt, beschimpft, eingestellt, unterbrochen, verwarnt, vorgestellt

a. Mit der Planung wurde schon vor drei Jahren ....
b. 1973 wurde in Nürnberg das erste Motorrad mit Wankelmotor ....
c. Viele Politiker sind dafür, daß die Olympischen Spiele ..... werden.
d. Herr Neumann wurde von der Polizei ..... , weil er seinen Wagen falsch geparkt hatte.
e. Für die nächsten Festspiele in Salzburg wurden bereits jetzt aus aller Welt Karten ....
f. Das Konzert im Schloßpark mußte wegen des Fluglärms ein paarmal ..... werden.
g. Am Wochenende mußte wegen des dichten Nebels in ganz Norddeutschland der Flugverkehr ..... werden.
h. Der Politiker, der die Autos abschaffen wollte, wurde von vielen Autofahrern heftig ....

5.

Mein Mann versorgt die Kinder.
Die Kinder werden von meinem Mann versorgt.

a. Frau Meyerdierks vermietet dieses Zimmer.
b. Das Zimmermädchen macht die Betten.
c. VW macht viel Reklame für diesen Typ.
d. Herr Meier schleppt den Wagen ab.
e. Er macht auch den Kundendienst. (!)

13

f. Jedes Jahr besuchen 1,2 Millionen Menschen das Deutsche Museum.

g. Die Übernachtung bezahlt die Firma.

6. *Was würden Sie einem Bekannten raten, der sagt:*

a. Ich sehe mir jeden Krimi an.

b. Ich rauche ungefähr 40 Zigaretten am Tag.

c. Ich gehe nie vor ein Uhr ins Bett.

d. Leider ist mein Sohn in Mathematik sehr schlecht.

e. Ich habe seit einer Woche schreckliche Schmerzen im Bein.

f. Ich wußte gar nicht, daß man in der Bundesrepublik ab 18 wählen darf.

g. Von den deutschen Städten kenne ich nur München.

h. Mir macht die Arbeit keinen Spaß mehr.

1. Sie sollten mehr Sport treiben.

2. . . . . früher ins Bett gehen.

3. . . . . Ihrem Sohn hier und da bei den Hausaufgaben helfen.

4. . . . . öfter eine deutsche Zeitung lesen.

5. . . . . vielleicht mal Urlaub machen.

6. . . . . nicht immer nur ins Ausland fahren.

7. . . . . so schnell wie möglich zum Arzt gehen.

8. . . . . vielleicht auch mal ein Buch lesen.

9. . . . . nicht soviel Rauchen.

7. *Und hier ein paar Sätze zum Auswendiglernen:*

Entschuldigung, haben Sie Feuer?

. . . . die genaue Uhrzeit?

. . . . einen Augenblick Zeit?

. . . . eine 40-Pf-Briefmarke?

. . . . 20 Pfennig zum Telefonieren?

. . . . diese Zeitung schon gelesen?

. . . . meine Bestellung vergessen?

. . . . die Durchsage gerade gehört?

Lektion 3

1. Der kleine Laden an der Ecke

Tausende von kleinen Läden mußten in den letzten Jahren geschlossen werden, während immer mehr Supermärkte und Einkaufszentren gebaut wurden. In einigen Großstädten wird das Einkaufen bereits ein Problem, besonders für alte Leute und Familien ohne Auto. Eigentlich sollte jeder in längstens 15 Minuten zu Fuß ein Lebensmittelgeschäft erreichen können. Ideal ist ein Laden auf 130 Einwohner. Aber das gibt es längst nicht mehr überall. Warum? – Lesen Sie, was ein Ladenbesitzer dazu sagt:

„Meine Frau und ich hatten diesen Laden über zwanzig Jahre. Wir konnten davon ganz gut leben. Wir kennen alle Leute hier in der Gegend. Und die Leute kamen gern zu uns. Jeder wußte: Hier werde ich gut bedient. Aber dann wurde vor zwei Jahren ein paar Straßen weiter ein Supermarkt eröffnet. Dort war zunächst alles billiger als bei uns, und die meisten Leute kauften bei uns nur noch, was sie im Supermarkt vergessen hatten.

Aber davon können wir nicht leben. Vor sechs Wochen mußten wir dann schließen. Das tut uns leid für unsere alten Kunden, die bis jetzt immer noch alles bei uns gekauft haben. Die müssen jetzt bis zu zwanzig Minuten zu diesem Supermarkt laufen. – Und ich muß mir irgendwo eine andere Arbeit suchen. Schrecklich ist das."

2. andere Leute, andere Orte, andere Restaurants .....

a. Das Essen war heute nicht gut. Nächstes Mal gehen wir in ein ..... Restaurant.

b. Ich habe leider keine D-Mark bei mir. Kann ich auch in einer ..... Währung bezahlen?

c. Wir möchten nicht so weit hinten sitzen. Haben Sie keine ..... Plätze mehr?

d. Auf dieser Strecke muß ich zweimal umsteigen. Gibt es da keine ..... Verbindung?

e. Wenn ich hier nicht einmal Freunde einladen darf, muß ich mir eine ..... Wohnung suchen.

f. Ich sehe am liebsten fern. ..... Hobbys interessieren mich nicht.

g. Auf den Autobahnen dürfen nur Personenwagen, Lastwagen und Motorräder fahren. ..... Fahrzeuge müssen die Landstraßen benutzen.

3. jeder, jede, jedes

> Die Hausfrauen bekommen ab sofort ein Gehalt.
> Jede Hausfrau bekommt ab sofort ein Gehalt.

a. Die Autofahrer können ab sofort einen Pannenkurs machen.

b. Die Zimmer haben Bad und Balkon.

c. Die Passagiere erhielten wegen der Verspätung ein kostenloses Abendessen.

d. Die Verspätungen werden sofort über Computer gemeldet.

e. Die Taxifahrer wissen, wo das Hotel ‚Vier Jahreszeiten' ist.

f. Die Kinder bekamen in der Pause ein Eis.

4. *Setzen Sie ein:* jeden, jedes, jede

a. Viele Deutsche machen ..... Jahr Urlaub in Italien.

b. Marianne fährt ..... Wochenende nach Hause zu ihren Eltern.

16

c. Dieses Restaurant ist ..... Tag bis 24 Uhr geöffnet.

d. Wir müssen die Kinder ..... Morgen zur Schule bringen.

e. Immer mehr kleine Läden werden ..... Jahr geschlossen.

f. Ich würde ..... Abend fernsehen, wenn ich einen Fernseher hätte.

g. ..... Stunde fährt ein Vorortszug in die Stadt.

5.

> Ich bin dafür, daß man die Entfernungen zwischen Wohnort und Arbeitsplatz verkleinert.
> Die Entfernungen zwischen Wohnung und Arbeitsplatz müssen verkleinert werden.

a. Die Verkehrsexperten sind dafür, daß man erst eine Teststrecke baut.

b. Die Einwohner von Berlin-Tegel fordern, daß man nachts den Flugverkehr einstellt.

c. Die Eltern forderten in der Diskussion, daß man die Kinderspielplätze vergrößert.

d. Wenn Herr Meier keine Zeit hat, muß man die Besprechung verschieben.

e. Einige Politiker fordern, daß man die Zigarettenreklame verbietet.

f. Einige Politikerinnen halten es für notwendig, daß man den Hausfrauen ein monatliches Gehalt von 300 Mark bezahlt.

6. *Setzen Sie ein:* ausgeben, bestellen, bezahlen, einkaufen, kaufen, kosten, mitbringen, sparen, verdienen, vermieten

a. Die Entwicklung dieses Projekts kann eine einzelne Firma gar nicht ....

b. Allein die Planung hat viele Millionen ....

c. Bereits beim Bau der Teststrecke waren viele Kritiker der Meinung, daß der Staat für dieses Projekt zuviel Geld ..... habe.

d. Bei einer anderen Firma können Sie mit dieser Ausbildung auch nicht mehr ....

e. Viele Hausbesitzer wollen ihre Zimmer nicht an Studenten ....

f. Kannst du mir aus der Stadt ein Theaterprogramm .....?

g. Du sagst immer, daß ich ..... soll, und dann ..... du den teuersten Rotwein.

h. Gehen wir ein wenig spazieren, oder mußt du erst noch .....?

7.

> Wissen Sie, wie es Frau Meier geht? (gestern – im Supermarkt)
> Ja, ich habe sie gestern zufällig im Supermarkt getroffen.

a. Wissen Sie, ob Herr Neubauer immer noch in Augsburg arbeitet?
   (letzte Woche – am Bahnhof)
b. Weißt du, daß Barbara ab März in München studiert?
   (am Dienstag – in der U-Bahn)
c. Habt ihr schon gehört, daß Wolfgang und Inge im Herbst nach Hamburg ziehen? (vor zwei Wochen – im Theater)
d. Weißt du schon, daß Thomas seit zwei Wochen wieder aus Amerika zurück ist? (vor einigen Tagen – in der Neuhauser Straße)

Lektion 4

1. Wichtige Verkehrszeichen

Was bedeuten diese Schilder?

a. Daß man auf dieser Strecke nicht . . . . . als . . . . . km fahren darf und . . . . .

b. Daß man an dieser Stelle . . . . . von . . . . . nicht . . . . . darf.

c. Daß hier keine . . . . . und . . . . . fahren dürfen. Außerdem . . . . .

2. gut – besser – am besten *usw.*

> Sie sagen, es hat Ihnen überall *gut* gefallen.
> Wo hat es Ihnen *am besten* gefallen?

Antworten Sie sinngemäß!

a. Ich habe mich über meine Geburtstagsgeschenke sehr gefreut.
Worüber haben Sie sich .... gefreut?

b. Dieses Jahr hat es in Europa sehr viel geregnet.
In Spanien war es etwas besser. Dort hat es .... geregnet. (!)

c. Ich habe es wahnsinnig eilig. Wie komme ich .... zum Bahnhof?

d. Von den Hochhäusern und vom Rathausturm ist die Aussicht sehr schön.
Aber vom Fernsehturm ist sie ....

e. Bitte, wo kann man hier in der Nähe gut essen?
Der ‚Hamburger Hof‘ ist nicht weit von hier, die ‚Alte Post‘ ist auch ganz nahe, aber .... liegt der ‚Weiße Elefant‘.

f. Diese Straße ist immer sehr gefährlich. Aber .... ist sie, wenn es geregnet hat.

g. Wie fanden Sie das Fußballspiel? – Nicht besonders interessant. Kurz vor Schluß war es noch ....

3.

> Heute haben Sie mich erwischt.
> Heute wurde ich (von einer Polizeikontrolle) erwischt.

a. Sie haben mich vor dem neuen Krankenhaus angehalten.

b. Sie haben meine Papiere überprüft.

c. An der Grenze haben sie mein Gepäck kontrolliert.

d. In der Bundesrepublik haben sie jetzt das Tempo 100 auf Landstraßen eingeführt.

e. Herrn Neumayer haben sie letzte Woche den Führerschein abgenommen.

f. In Nürnberg haben sie jetzt auch eine U-Bahn gebaut.

g. In ganz Norddeutschland haben sie heute wegen Nebel den Flugverkehr eingestellt.

20

4.

> Herr Kuhn fotografiert nur seine eigene Familie.
> Herr Kuhn hat nur seine eigene Familie fotografiert.

a. Ich halte diese Meinung für gefährlich. (schon immer)
b. Sie fahren in der Stadt viel zu schnell.
c. Renate freut sich wahnsinnig über den Ring.
d. Herr Neumayer ärgert sich schrecklich über diesen Polizisten.
e. Oistrach spielt dieses Stück ganz ausgezeichnet.
f. Mein Sohn geht während der Ferien jeden Tag ins Deutsche Museum.
g. Meine Frau fährt in der Stadt ganz besonders vorsichtig.

5.

> Hast du schlecht geschlafen?
> Haben Sie schlecht geschlafen?

a. Hast du die Quittung?
b. Hast du deinen Führerschein dabei?
c. Hat dir der Polizist diese Ausrede geglaubt?
d. Siehst du, das habe ich mir gleich gedacht.
e. Warum hat dich die Polizei angehalten?
f. Ist dir der Zweck dieser Maßnahme klar?
g. Warum hast du dich nicht einfach entschuldigt?
h. Warum hat dir dein Vater verboten, daß du den Führerschein machst?
i. Stimmt es, daß du nur fahren darfst, wenn dein Mann dabei ist?

6. *Setzen Sie ein:* Bestimmung, Führerschein, Geschwindigkeit, Geschwindigkeitsbegrenzung, Quittung, Polizeikontrolle, Tachometer

a. Kurz vor dem neuen Krankenhaus war heute eine . . . .
b. Der Polizist wollte als erstes meinen . . . . . sehen.
c. Herr Neumayer war wütend, weil ihm der Polizist die Ausrede mit dem kaputten . . . . . nicht geglaubt hatte.
d. Er machte ihn freundlich auf die . . . . . von 50 Stundenkilometern aufmerksam.
e. Als er die 40 Mark bezahlt hatte, gab ihm der Polizist eine . . . .

f. Die meisten Unfälle auf Landstraßen passieren wegen zu hoher ..... .

g. In den meisten europäischen Ländern gelten ähnliche ..... .

7. *Ergänzen Sie diese Sätze:*

(Sehen Sie sich noch einmal Übung 2 auf Seite 12 an!)

a. Das sogenannte Tempo 100 wurde eingeführt.
  (in der Bundesrepublik)
  (im Jahre 1972)

b. Diese Bestimmung gilt an Feiertagen.
  (gelegentlich)
  (in Österreich)

c. Man darf nicht schneller als 100 Stundenkilometer fahren.
  (auch auf den Straßen der Schweiz)
  (seit dem 1. Januar 1973)

8. *Lesen Sie diesen Text aufmerksam durch und diskutieren Sie über die einzelnen Meinungen:*

Im Frühjahr 1974 wurde auf den Autobahnen in der Bundesrepublik eine sogenannte Richtgeschwindigkeit von 130 km/h eingeführt. Richtgeschwindigkeit bedeutet, daß man selten schneller als 130 fahren sollte, meistens sogar weniger. Man wird nicht bestraft, wenn man schneller fährt. Wenn aber ein Unfall passiert, ist automatisch der schuld, der schneller gefahren ist.

Wir interviewten einige bundesdeutsche Autofahrer und stellten ihnen die Frage: Was halten Sie von der Einführung der Richtgeschwindigkeit von 130 km/h auf Autobahnen?

Werner P. (Programmierer, 31, verheiratet)
Ich bin der Meinung, daß die Bundesregierung hier richtig entschieden hat. Jeden Tag passieren die gräßlichsten Unfälle auf den Autobahnen – und warum – weil viel zu schnell gefahren wird.

22

Rosemarie Z. (Sekretärin, 23, ledig)

Ich bin noch nie schneller als 80 gefahren. Ich habe nämlich meinen Führerschein erst seit sechs Wochen; aber ich glaube schon, daß diese Einführung gut war.

Volker B. (Student, 25, ledig)

Vorläufig kann ich da nicht mitreden. Mein alter VW geht nämlich nur noch 110. Aber wenn ich mal 'nen Sportwagen habe, können wir uns wieder unterhalten.

Sebastian F. (Rentner, 68, alleinstehend)

Alles Unsinn, kein Mensch hält sich an diese Bestimmung. Hier meint doch jeder, er ist von Beruf Rennfahrer. Meine Meinung: Es sollten nur noch Autos gebaut werden, die nicht schneller als höchstens 120 fahren.

Horst v. I. (Vertreter, 44, verheiratet)

Das kann ich Ihnen schon sagen. Reiner Blödsinn ist das, jawohl. Ich bin Geschäftsmann und muß jede Woche von München nach Frankfurt fahren. Mit dieser neuen Bestimmung brauche ich dafür mindestens eine halbe Stunde länger als bisher. Ich muß schließlich Geld verdienen, nicht nur Auto fahren.

Ursula L. (Hausfrau, 53, verheiratet)

Wenn Sie mich fragen – 130 ist noch viel zu schnell. Warum haben es die Leute alle so eilig? Früher ging es doch auch langsamer. Dafür ist auch weniger passiert.

Rüdiger O. (Lehrling, 18, ledig)

Das kommt davon, wenn lauter alte Opas im Parlament sitzen.

Cornelia J. (Verkäuferin, 32, verheiratet)

Was heißt Richtgeschwindigkeit? Ist das soviel wie Höchstgeschwindigkeit?

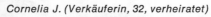

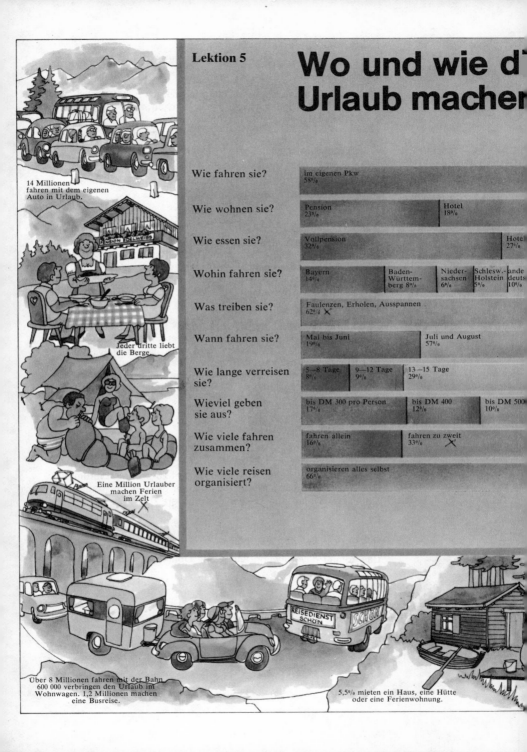

Lektion 5

Wo und wie d[...] Urlaub macher[...]

14 Millionen fahren mit dem eigenen Auto in Urlaub.

Jeder dritte liebt die Berge.

Eine Million Urlauber machen Ferien im Zelt

Wie fahren sie?	im eigenen Pkw 58%				
Wie wohnen sie?	Pension 23%		Hotel 18%		
Wie essen sie?	Vollpension 32%				Hotel 27%
Wohin fahren sie?	Bayern 14%	Baden-Württemberg 8%	Nieder-sachsen 6%	Schlesw.-Holstein 5%	ande[...] deuts[...] 10%
Was treiben sie?	Faulenzen, Erholen, Ausspannen 62%				
Wann fahren sie?	Mai bis Juni 19%		Juli und August 57%		
Wie lange verreisen sie?	5—8 Tage 8%	9—12 Tage 9%	13—15 Tage 29%		
Wieviel geben sie aus?	bis DM 300 pro Person 17%		bis DM 400 12%		bis DM 500 10%
Wie viele fahren zusammen?	fahren allein 16%		fahren zu zweit 33%		
Wie viele reisen organisiert?	organisieren alles selbst 66%				

Über 8 Millionen fahren mit der Bahn 600 000 verbringen den Urlaub im Wohnwagen. 1,2 Millionen machen eine Busreise.

REISEDIENST SCHÖN

5,5% mieten ein Haus, eine Hütte oder eine Ferienwohnung.

mit der Bahn 23%		im Jet 11%	im Bus 5%

...unden, ...ndten	privat 15%	Ferien-haus 5%	Gast-haus 6%	Zelt/Caravan 7%	anders 8%

...estaurant	Selbstverpflegung 15%	bei Freunden, Verwandten 13%	Halbpension 10%	anders

...Österreich ...5%	Italien 9%	Spanien 7%	Jugoslaw. 4%	West-Europa 15%	Ost-Europa 3%

Abenteuer 15%	Bekannte besuchen 14%	Bildung 4%	Kur 3%	Sport 2%

September 10%	übrige Zeit 4%

16—19 Tage 8%	20—22 Tage 28%	27—29 Tage 8%	23—26 Tage 4%	über 30 Tage 6%

...M 600	bis DM 700 11%	bis DM 900 14%	bis DM 1100 10%	bis DM 1500 4%	über DM 1500 6%

fahren zu dritt 19%	fahren zu viert 15%	fahren zu fünf und sechst 10%

brauchen ein Reisebüro 13%	buchen Pauschalreisen 15%	reisen anders 6%

BRD 3%	ins Ausland 12%

Für 11,5% beginnt der Urlaub auf dem Flughafen. Fast 8% machen eine Charter-reise in die Ferne.

56% fahren ans Meer. 46% wünschen sich nur Sonne, Sonne und nochmal Sonne.

Nur 200 000 machen eine Schiffsreise.

Knapp 2% wollen nur Städte entdecken.

37% fotografieren und filmen im Urlaub.

Ohne See oder Fluß ...es 9% im Urlaub nicht aus.

Fast eine Million machen eine Bildungsreise.

400 000 Deutsche (etwa 2%) fahren nach Übersee.

1.

Bilden Sie anhand der Statistik Fragen und Antworten!

Wie fahren die (West-)Deutschen in Urlaub? –
58 Prozent fahren im eigenen Pkw *usw.*

2. *Lesen Sie diesen Text und vergleichen Sie ihn mit den Angaben in der Statistik. Nicht alle Aussagen dieses Textes stimmen mit der Statistik überein.*

Eine westdeutsche Familie gibt durchschnittlich 5,7 Prozent ihres Monatseinkommens für den Urlaub aus. Das ergab eine Untersuchung, bei der 900 Hausfrauen aus allen Bundesländern dem Staat erlaubten, die Familienfinanzen zu kontrollieren.
Eine andere Statistik sagt, daß die Hälfte aller deutschen Urlauber ins Ausland fährt – nach Österreich, Italien, Jugoslawien, Griechenland, Spanien und Portugal. (Aber wenn Sie die Prospekte deutscher Reisebüros oder ihre Anzeigen in den Zeitungen lesen, finden Sie auch Reisen nach Alaska oder in die Sahara, nach Grönland oder nach Indien, nach Japan oder nach Mexiko.) Die Kassiererin eines Supermarktes kann ihren Urlaub ebenso am Schwarzen Meer verbringen wie ein Fabrikdirektor – nur muß sie mit ‚Neckermann‘ fahren, und sie kann sich am Schwarzen Meer kein Ferienhaus mieten. Aber beide haben häufig eines gemeinsam – sie fahren nicht dorthin, wo ihnen der Urlaub am meisten Spaß machen würde – zum Beispiel auf einen Bauernhof im Schwarzwald. Sie fahren dorthin, wo die Nachbarn oder Kollegen der Firma im letzten Jahr im Urlaub waren, oder noch besser – wo diese nicht waren. Wenn Familie Schulze in Griechenland war, muß Familie Meier mindestens in die Türkei fahren. Dort angekommen, liegen sie drei Wochen am Strand, lesen deutsche Zeitungen, treffen deutsche Bekannte, trinken deutsches Bier und essen Wiener Schnitzel. Sie könnten also genauso gut zu Hause bleiben. Daß dort Griechen und Türken leben, interessiert sie nur, wenn sie zum Beispiel typische Griechen vor typisch griechischen Häusern fotografieren wollen. Wenn sie sich überhaupt für etwas interessieren, dann mehr für die Sehenswürdigkeiten eines Landes als für die Bewohner und ihre Probleme. Was bleibt also von einem Urlaub – ein paar Souvenirs und durchschnittlich 300 Fotos, die man durchschnittlich zweimal mit Bekannten ansieht.

a. Wie planen Sie Ihren Urlaub? Gehen Sie in ein Reisebüro oder fragen Sie Ihre Bekannten?

b. Lesen Sie Bücher über die Orte, an die Sie fahren?

c. Machen Sie überhaupt Urlaub?

3. Arbeit zum Vergnügen – was soll denn das heißen?

> Wenn Sie Koch sind, können Sie auf Mallorca eine Woche in der Küche arbeiten.
>
> Nehmen wir an, Sie sind Koch, dann können Sie auf Mallorca eine Woche in der Küche arbeiten.

a. Wenn Sie Straßenbahnführer sind, können Sie in San Francisco ein paar Tage eine Straßenbahn fahren.

b. Wenn Sie Lokomotivführer sind, können Sie in Tirol zwei Wochen lang eine kleine Bergbahn fahren.

c. Wenn Sie Verkehrspolizist sind, können Sie in Hongkong 14 Tage lang den Verkehr regeln.

4.

> Wenn Sie jetzt nicht buchen, bekommen Sie keinen Platz mehr.
>
> Sie müssen jetzt buchen, sonst bekommen Sie keinen Platz mehr.

a. Wenn Sie sich nicht bald entscheiden, bekommen Sie kein preiswertes Hotelzimmer mehr.

b. Wenn du nicht rechtzeitig an das Hotel schreibst, sind wieder alle Zimmer belegt.

c. Wenn du nicht schneller fährst, kommen wir zu spät.

d. Wenn ihr nicht bald zum Essen geht, ist das Restaurant geschlossen.

e. Wenn du nicht langsamer fährst, werden wir wieder von der Polizei angehalten.

5. Im Reisebüro

> Hier haben wir eine preiswerte Reise nach Rußland.
>
> Wie wär's mit einer preiswerten Reise nach Rußland?

a. Hier habe ich noch eine ruhige Ferienwohnung in Österreich.
b. Warum machen Sie nicht einen kurzen Badeurlaub an der Adria?
c. Machen Sie doch eine große Schiffsreise auf einem Bananendampfer.
d. Am besten machen Sie morgen eine kleine Stadtrundfahrt.
e. Hier habe ich noch einen billigen Flug nach New York.
f. Sehr schön ist auch ein richtiger Campingurlaub in Jugoslawien.
g. Wir haben (natürlich auch) ein hübsches Bauernhaus im Schwarzwald.

6. Im Kaufhaus

> Warum nehmen Sie nicht diesen hellblauen Anzug?
> Wie wär's mit diesem hellblauen Anzug?

a. Dieses lange Kleid würde Ihnen gut stehen.
b. Zu diesem Mantel paßt sehr gut eine weiße Handtasche.
c. Hier habe ich einen sehr schönen dunkelblauen Pullover.
d. Probieren Sie doch mal diese schwarze Pelzjacke.
e. Hier habe ich noch diesen grünen Regenmantel.

7.

> Gudrun arbeitet jetzt in einem Büro, das einem berühmten Architekten gehört.
> Gudrun arbeitet jetzt im Büro eines berühmten Architekten.

a. Als Student wohnte ich zwei Jahre in einer Wohnung, die einer alten Dame gehörte.
b. Gestern machten wir einen Ausflug mit dem Auto. Es gehörte einem guten Bekannten.
c. Fahren Sie zum Deutschen Museum und gehen Sie dort auf den Turm. Dort haben Sie die beste Aussicht.
   Die beste Aussicht haben Sie vom ....
d. Dieses Foto habe ich auf einem Marktplatz gemacht. Das war in einer typischen italienischen Kleinstadt.
   Dieses Foto habe ich auf dem ....
e. Wir haben unseren Urlaubsort in einem Prospekt gefunden. Der war von einem kleinen Reisebüro.
   Wir haben unseren Urlaubsort im ....

f. An der Adria wohnten wir eine Woche in einer Ferienwohnung, die unseren Freunden gehört.

An der Adria wohnten wir eine Woche in . . . . . .

g. Am letzten Tag unserer Reise übernachteten wir in einem kleinen Dorf. Dort gab es nur ein einziges Wirtshaus.

Am letzten Tag unserer Reise übernachteten wir im . . . . . .

8. *Eines dieser vier Wörter ist Ihnen neu:*
aussehen, Aussicht, besichtigen, Besichtigung

Lesen Sie die folgenden fünf Sätze und setzen Sie dann die Wörter ein:

a. Sehen Sie sich dieses Hotel an – das . . . . wie ein Schloß.

b. Sie sollten unbedingt noch das Alte Rathaus . . . .

c. Die . . . . . des Olympiaparks dauert mindestens zwei Stunden.

d. Vom Turm des Deutschen Museums haben Sie die beste . . . . . auf die Altstadt.

e. Von der Hotelterrasse hat man eine schöne . . . . . auf die Berge.

9. *Welche dieser Anzeigen würde Sie am meisten interessieren?*

*Nicht alle Anzeigen können Sie ohne weiteres verstehen, da sie viele Ab-
kürzungen enthalten.*

*Lesen Sie hier den vollständigen Text der Anzeige „BODENSEE/Immen-
staad":*

Freistehendes, neues, komfortabel eingerichtetes Ferienhaus mit Seeblick
für vier bis sechs Personen ab sofort zu vermieten. Alles inklusive je Woche
(in der) Vor- und Nachsaison DM 420,–, (in der) Hauptsaison DM 490,–
. . . . .

*Versuchen Sie jetzt, die Anzeigen „Hotel Meripol" und „Nordseeküste"
als fortlaufenden Text zu schreiben.*

*Schreiben Sie dann einen Brief an das Reisebüro, das Hotel oder an die
Privatadresse, deren Anzeige Sie am meisten interessiert.*

Erkundigen Sie sich entsprechend:

a. nach der Lage des Hauses oder des Zimmers
b. ob die Zimmer Balkon, Bad usw. haben
c. wie groß das Haus oder das Zimmer ist
d. was es für eine Woche oder vierzehn Tage kostet
e. ob die Preise in der Vor- und Nachsaison niedriger sind als in der
Hauptsaison
f. wie weit es zum Strand ist und wie die Bademöglichkeiten sind
g. was man sonst in dieser Gegend unternehmen kann

(Lesen Sie noch einmal die beiden Briefe in Band 1, Lektion 18!)

Das gediegene Hotel
Umgebaut und völlig renoviert
Zimmer mit Bad, Dusche oder WC
Lift, Hotel-Restaurant, Terrassen
Garten und Parkplätze

Telefon 081 / 39 12 24
Postcheck 70 - 5491
Postleitzahl CH - 7018

Hotel National   Flims - Waldhaus

Eigent.: H. Schneider-Truninger

Herrn

Peter Müller

Elbingerstraße 2

D-8000   M ü n c h e n   55

Bundesrepublik Deutschland

7018 Flims-Waldhaus, 15. März 1975

Sehr geehrter Herr Müller,

ich danke Ihnen bestens für die telephonische Zimmerbestel-
lung, sowie für Ihre Karte vom 13. ds. und freue mich, Ihnen
die definitive Reservierung der beiden Zimmer wie folgt bestätigen zu dürfen:

> 1 hübsches, sonniges und ruhiges Doppelzimmer mit
> fl. Kalt- und Warmwasser, Privat-WC, Südostlage
> mit Balkon (nicht gegen die Straße), schönem Blick
> gegen Wald und Berge,
>
> für die Zeit vom 27. bis 31. März,
>
> zum Halbpensions-Pauschalpreis von Fr. 57.-- pro Tag
> und Person.

sowie: 1 nettes, geräumiges Doppelzimmer mit Bad, Bidet und
        WC, Nordwestlage mit Balkon (gegen die Straße),
        Blick auf Wald und Berge,

        zum Halbpensions-Pauschalpreis von Fr. 65.-- pro Tag
        und Person.

In diesen Preisen sind inbegriffen das Frühstück, das Mittag-
oder das Abendessen, die Heizung, die Bedienungsgelder, alle
Taxen und die Sportkarte mit diversen Ermässigungen.

Im beiliegenden Prospekt sind alle weiteren Angaben über mein
Haus enthalten.

Es freut mich sehr, Sie in meinem Hause begrüßen zu dürfen
und sichere Ihnen zum voraus einen recht angenehmen Aufenthalt
bei sorgfältiger und aufmerksamer Bedienung zu.

Inzwischen verbleibe ich

                    mit freundlichen Grüßen

                    HOTEL NATIONAL

Beilage: 1 Prospekt

31

Lektion 6

1. Umweltschutzprobleme

Was muß nach Ihrer Meinung gegen diese Probleme getan werden?

2. *Ergänzen Sie diese Sätze:*

a. Es gibt 350 Millionen Kubikmeter Müll.
    (in der Bundesrepublik)
    (jährlich)
    (nach Berechnungen von Umweltschutzexperten)
b. Die Bevölkerung sollte sich umweltfreundlicher verhalten.
    (vor allem beim Einkauf)
    (nach Auffassung der Behörden)
c. Die Schäden werden durch die Verschmutzung der Luft verursacht.
    (an der Fassade des Kölner Doms)
    (Aufgrund von Untersuchungen wurde bewiesen, daß . . . . .)

3. Erinnern Sie sich noch an die Lektion 14 in Band 1?

> Kommen Sie zum Chef! – Bitte, was haben Sie gesagt?
> Sie sollen zum Chef kommen.

a. Melden Sie sich beim Ober im 8. Stock! – Was soll ich tun? – . . . . .
b. Holen Sie die Gäste vom Bahnhof ab! – Entschuldigung, ich habe Sie nicht verstanden. – . . . . .
c. Rufen Sie Herrn Meier an und sagen Sie ihm, daß ich keine Zeit habe. – Was soll ich Herrn Meier sagen? – . . . . .
d. Werfen Sie den Brief bitte noch heute ein. – Kann ich den Brief nicht morgen einwerfen? – Nein, ...

4. Welche Möglichkeiten gibt es, den Umweltschutz zu verbessern?

> Die Bevölkerung verhält sich umweltfreundlicher.
> Die Behörden vertreten die Auffassung, daß sich die Bevölkerung umweltfreundlicher verhalten sollte.

a. Die Industrie gibt mehr Geld für den Umweltschutz aus.
    Die Experten vertreten die Auffassung, ...
b. Die Fabriken werfen ihren Müll nicht einfach ins Meer.
    Die Holländer haben schon lange darauf hingewiesen, ...
c. Die Industrie trägt mehr zur Reinhaltung der Luft bei.
    Die Bevölkerung des Ruhrgebiets vertritt die Auffassung, ...

d. Die Flugzeugindustrie baut leisere Flugzeuge.
Die Menschen, die in der Nähe von Flughäfen wohnen, vertreten mit Recht die Ansicht, ...

e. Auch die Ozeane werden nicht mehr zur Beseitigung der Abfälle benutzt. Das Ergebnis der Untersuchungen hat bestätigt, ...

f. Die Autoindustrie baut ab 1980 nur noch Autos mit Elektromotoren. Immer mehr Umweltschutz-Experten sind der Ansicht, ...

5.

> Die Hausfrauen sollten eine Einkaufstasche nehmen, und nicht einen Plastikbeutel.
> Die Hausfrauen sollten statt eines Plastikbeutels eine Einkaufstasche nehmen.
> (Statt eines Plastikbeutels sollten die Hausfrauen eine Einkaufstasche nehmen.)

a. Die Bundesregierung sollte eine Schnellbahn bauen lassen, und nicht einen weiteren Flughafen.

b. Sie sollten normale Glasflaschen verlangen, und keine Einwegflaschen.

c. Man sollte lieber umweltfreundliche Schnellbahnen bauen, und nicht so viele Autobahnen.

d. Die Industriefirmen sollten umweltfreundlichere Fabriken bauen, und nicht nur nach dem Gewinn sehen.

e. Die Kaufhäuser sollten bessere Waren anbieten, und nicht so viel (!) Verpackung, die nur unnötig Geld kostet.

f. Die Regierung sollte ein vernünftiges Gesetz verabschieden, und nicht immer nur mit der Industrie über den Umweltschutz diskutieren.

g. Die Regierungen sollten zuerst die Atomtests einstellen, und nicht nur der Bevölkerung gute Ratschläge über den Umweltschutz geben.

6.

> In Holland wurde ein Gesetz verabschiedet. Es bestraft den Mißbrauch der Nordsee als „europäische Abfallgrube".
> In Holland wurde ein Gesetz verabschiedet, das den Mißbrauch der Nordsee als „europäische Abfallgrube" bestraft.

a. An der Fassade des Kölner Doms wurden Schäden festgestellt. Sie wurden durch die Verschmutzung der Luft verursacht.

b. Auf den Autobahnen wurde eine Geschwindigkeitsbeschränkung eingeführt. Sie soll dazu beitragen, daß weniger Unfälle passieren.

c. Kürzlich wurde das Ergebnis einer Untersuchung bekanntgegeben. Es bestätigt die Argumente der Regierung.

d. Einige Politiker stellten einen Antrag zum Thema „Umweltschutz". Er soll nächste Woche diskutiert werden.

e. Die Umweltschutz-Experten fordern strengere Maßnahmen. Diese gefährden die Gewinne der Industrie.

7.

> Die Ozeane produzieren zwei Drittel unseres Sauerstoffbedarfs.
> Zwei Drittel unseres Sauerstoffbedarfs werden durch die Ozeane produziert.

a. Die zunehmende Verschmutzung der Weltmeere gefährdet die Zukunft der Menschheit.

b. Die neueste Statistik beweist die Richtigkeit dieser Annahme.

c. Zahlreiche Untersuchungen bestätigen meine Argumente.

d. Die Verschmutzung der Luft verursachte bereits schwere Schäden an der Fassade des Kölner Doms.

e. In Zukunft sollen Hinweisschilder die Kraftfahrer darauf aufmerksam machen, daß sie zur Reinhaltung der Luft beitragen können.

8.

> Die Meinungen sind geteilt. (die Expertengruppe)
> *Innerhalb der Expertengruppe* sind die Meinungen geteilt.

a. Auf den Autobahnen der Bundesrepublik passierten 284 schwere Unfälle. (die letzte Woche)

b. Die Preise für Lebensmittel stiegen um $5^1/_2$ Prozent. (das letzte Jahr)

c. Diese Fahrkarte gilt nur im Stadtgebiet. (das Stadtgebiet)

d. Die Übernachtungen sind billiger. (die Saison)
Außerhalb . . . . .

9. *Setzen Sie ein:* aufmerksam machen auf, beitragen zu, benutzen zu, einladen zu, hinweisen auf.

a. Viele Autofahrer ..... ihr Auto nur ..... Ausflügen am Wochenende.

b. Viele Plakate an den Rändern der Autobahnen ..... die Fahrer ..... die Gefahren bei zu hohen Geschwindigkeiten ..... .

c. Der Bau von Einkaufszentren ..... leider ebenfalls ..... Anwachsen des Autoverkehrs ..... .

d. Die Behörden ..... erneut ..... (!) ....., daß die Fabriken für die Beseitigung ihrer Abfälle selbst verantwortlich sind.

e. Der Automobilclub ..... seine Mitglieder für morgen ..... einer Diskussion über die Geschwindigkeitsbegrenzung ..... .

10. *Und hier ein paar Satzanfänge für die Diskussion:*

Bilden Sie damit je einen Satz zum Thema „Umweltschutz".

a. Ich vertrete die Meinung, daß .....

b. Ich finde es nicht richtig, daß .....

c. Es stimmt nicht, daß .....

d. Ich habe einmal gelesen, daß .....

e. Ich bin dagegen, daß .....

f. Es ist sicher richtig, daß .....

g. Finden Sie es richtig, daß .....

h. Ich finde es ganz in Ordnung, daß .....

i. Meiner Meinung nach sollte .....

Lektion 7

1. Was ist wichtiger – Sicherheit und Geldverdienen oder Freude am Beruf?

Lesen Sie dazu die Meinungen einiger junger Leute:

Als ich mich kürzlich mit einem Klassenkameraden über Berufswünsche unterhielt und ihm sagte, daß ich Sportlehrerin werden möchte, fragte er mich: „Gehst du deshalb auf das Gymnasium, damit du später mit einem kleinen Lehrergehalt dasitzt?" Diese Frage ist leider typisch für die Einstellung vieler Jugendlicher zu ihrem späteren Beruf. Die meisten haben nur Interesse an der Höhe des Gehaltes. Aber für mich ist die Frage, ob ich in meinem Beruf das tun kann, was mich interessiert, viel wichtiger als ein hohes Gehalt oder eine schnelle Karriere.

Helga Schütz, 18 Jahre

Freude am Beruf ist natürlich eine schöne Sache, aber einen Beruf, der nur Spaß macht, gibt es nicht. Außerdem – wer später eine Familie haben will, braucht Geld, ziemlich viel Geld sogar. Dann hat man gar nicht mehr die Möglichkeit zu entscheiden: Geld oder Interesse.

Hans Bauer, 20 Jahre

Das wichtigste bei einem Beruf ist die Sicherheit. Deshalb würde ich allen erfolgreichen Schülern raten, Beamte zu werden. Die richtige Einstellung, die man dazu braucht, bekommt man auf der Schule: immer pünktlich da sein, seine Zeit absitzen, keine Verantwortung tragen, keine eigenen Ideen entwickeln und nur die Arbeit machen, die einem von anderen aufgetragen wird. Dabei ist das Gehalt nicht schlecht – und daran hat man doch das größte Interesse.

Manfred Berger, 17 Jahre

Schreiben Sie einen kurzen Leserbrief zum selben Thema!

2.

> Fragen Sie doch einmal tausend Männer nach ihrem Traumberuf!
> Was glauben Sie, wäre die Antwort, wenn Sie tausend Männer nach ihrem Traumberuf fragen würden?

a. Fragen Sie doch einmal zwanzig Experten nach ihrer Meinung zu diesem Problem.
   Was glauben Sie, wäre das Ergebnis, ...
b. Soll doch jeder Mann zu Hause bleiben und die Kinder versorgen!
   Was glauben Sie, wäre das Ergebnis, ...
c. Es kann doch nicht jeder nur noch im Einkaufszentrum einkaufen.
   Was glauben Sie, wäre das Ende der Entwicklung, ...
d. Man kann doch nicht für jedes Forschungsprojekt so viel Geld ausgeben.
   Was glauben Sie, wäre das Ergebnis, ...
e. Es kann doch nicht jeder nur mit öffentlichen Verkehrsmitteln fahren.
   Was glauben Sie, würde passieren, ...
f. Man sollte auf den Autobahnen eine Geschwindigkeitsbegrenzung von 100 km/h einführen.
   Was glauben Sie, würden die Autofahrer sagen, ...
g. Die neue Geschwindigkeitsbegrenzung sollte schon eingeführt sein!
   Was glauben Sie, wieviel weniger Unfälle passieren würden, ...

3. Deutsche Männer möchten am liebsten Förster werden.

a. Kleine Jungen – Lokomotivführer
b. Die Tochter von Herrn Meier – Ärztin
c. Viele junge Mädchen – Stewardeß
d. Herr Weiß – Journalist
e. Mein kleiner Bruder – Astronaut

4. Warum die Leute nicht geworden sind, was sie werden wollten . . . . .

> Ich möchte Arzt werden, aber leider kann ich keinen Studienplatz bekommen.
> Ich wollte Arzt werden, aber leider konnte ich keinen Studienplatz bekommen.

a. Herr Schmidt möchte Dirigent werden, aber leider hat er kein Geld für diese lange Ausbildung.

b. Eigentlich möchte ich Pilot werden, aber leider bin ich kurzsichtig.

c. Frau Ostermeyer möchte Apothekerin werden, aber sie bekommt ein Kind und muß ihr Studium abbrechen.

5. *Geben Sie die Antwort!*

> Was halten Sie davon, Arzt zu werden? – Ja, das wäre ein interessanter Beruf.

a. Möchten Sie nicht für ein paar Jahre als Forscher arbeiten? (eine interessante Tätigkeit)

b. Warum sind Sie mit Ihrer Arbeit hier unzufrieden? (gern ins Ausland gehen)

c. Möchten Sie Austronaut werden? (mir zu gefährlich)

d. Finanzbeamter zu sein, ist doch ein sicherer Beruf. (mir zu langweilig)

e. Sie spielen so herrlich Klavier. Sie sollten Musiker werden! (der richtige Beruf für mich)

6. Keiner wird das, was er werden möchte . . . . .

> Eigentlich wollte ich Stadtplaner werden. Aber dann bin ich Architekt geworden.

a. Früher wollte Herr Schulze Rennfahrer werden. (Kraftfahrzeugmechaniker)

b. Als Jugendlicher wollte Herr Neumann immer in einem sozialen Beruf arbeiten. (Finanzbeamter)

c. Früher wollte Herr Vogel immer ein großer Politiker werden. (Rechtsanwalt)

d. Fräulein Heim wollte als junges Mädchen immer Stewardeß werden. (Verkäuferin)

7. *Setzen Sie ein:* derselbe, dieselbe, dasselbe *usw.*

a. Kennen Sie diesen Ober? – Ja, das ist noch ..... wie zu meiner Studienzeit.

b. Aha, Ihr Tacho ist kaputt. ..... Geschichte habe ich heute schon fünfmal gehört.

c. Wer bleibt zu Hause und versorgt die Kinder? Das ist überall ..... Problem.

d. Die modernen Großstädte haben auf der ganzen Welt ..... Probleme.

e. Das Material der Fassaden stammt aus ..... Zeit und aus ..... Steinbruch wie das des Kölner Doms.

f. Die Umfrage ergab überall ..... Antworten.

g. Kaufmanns fahren jedes Jahr auf ..... Campingplatz.

h. An dieser Stelle sind in ..... Woche noch zwei Unfälle passiert.

i. Ich sehe mir überhaupt keine Krimis mehr an. Das ist doch jedesmal ..... Quatsch.

8.

> *Das Institut* (für Meinungsforschung) machte *eine Umfrage* unter Autofahrern.
> *Die Umfrage des Instituts* brachte ein interessantes Ergebnis.

a. Die Autofahrer haben die verschiedensten Meinungen zur Geschwindigkeitsbegrenzung.
Die Meinungen .... zur Geschwindigkeitsbegrenzung sind geteilt.

b. Die Fabriken müssen die Abfälle selbst beseitigen.
Die Fabriken tragen die Verantwortung für die Beseitigung ....

c. In den Großstädten wird die Luft vor allem durch die Autos verschmutzt.

In den Großstädten ist die Verschmutzung .... durch die
Autos eines der größten Probleme des Umweltschutzes.

d. Jedes Jahr wird der Autoverkehr auf den Straßen der Bundesrepublik
stärker.

Das Anwachsen .... auf den Straßen der Bundesrepublik beschäftigt die Verkehrsexperten seit langem.

9.

Mein Mann hat einen sehr interessanten Beruf.
Der Beruf meines Mannes ist sehr interessant.

---

a. Meine Freundin hat einen sehr netten Bruder.
b. Meine Freundin hat einen Bruder, der jünger ist als ich.
c. Unsere Bekannten haben ein Ferienhaus, das wir auch benutzen können.
d. Seine beiden Söhne haben eine Ferienreise gemacht, die mindestens
1500 Mark gekostet hat.

10.

Das neue Einkaufszentrum hat *einen Parkplatz,* der nur 1200 Autos
faßt.
Der Parkplatz des neuen Einkaufszentrums faßt nur 1200 Autos.

---

a. Dieses neuartige Fahrzeug hat Elektromotoren, die auch als Bremsen
verwendet werden können.
b. Das alte Rathaus hat einen Turm, der noch aus dem Jahr 1450 stammt.
c. Die berühmten Atomforscher haben Entdeckungen gemacht, die zu
einer Gefahr für die ganze Menschheit geworden sind.
d. Die wenigsten Menschen haben Berufe, die man als Traumberufe bezeichnen kann.
e. Diese bekannte Ärztin hat eine Praxis, die leider ständig überfüllt ist.

Lektion 8

1. Pro- und Kontra

Argumente für und gegen einen späteren Ladenschluß

a. Die Entfernungen zwischen Wohnung und Arbeitsplatz nehmen ständig zu. Viele Arbeitnehmer sind täglich zwischen 10 und 12 Stunden außer Haus. Durch den frühen Ladenschluß wird ihnen jede Möglichkeit genommen, in Ruhe zu kaufen, was sie für Küche, Keller und Kleiderschrank brauchen.

Das jetzige Ladenschlußgesetz gibt den berufstätigen Frauen nicht genügend Zeit zum Einkaufen.

Eine berufstätige Frau, der nach Feierabend nur noch wenige Minuten zum Einkaufen bleiben, kann keine Preise vergleichen.

In den USA kann man zum Teil schon 24 Stunden, also rund um die Uhr einkaufen, und in Japan gibt es überhaupt kein Gesetz für den Ladenschluß.

b. In den Ländern, in denen es keine Ladenschlußgesetze gibt, sitzen die meisten Ladenbesitzer bis spät abends in ihren Läden und warten auf einzelne Kunden.

Das Ladenschlußgesetz braucht nicht geändert zu werden, wenn die Hausfrauen nicht in der Zeit einkaufen, in der die Berufstätigen gezwungen sind, ihre Besorgungen zu machen.

Sollten die Verbraucher zu jeder Zeit einkaufen können, würden die Waren auf jeden Fall sehr viel teurer werden. Außerdem gibt es bereits jetzt in der Bundesrepublik 200 000 Verkäufer und Verkäuferinnen zu wenig.

c. Zusammenfassung eines Sprechers des Bundestages:

Das Gesetz ist ein Kompromiß zwischen den unterschiedlichen Interessen des Einzelhandels, der Arbeitnehmer und der Verbraucher. Es ist keine optimale Lösung, aber eine bessere Lösung ist nicht in Sicht.

2.

Man konnte den Redner kaum verstehen.
Der Redner war kaum zu verstehen.

---

a. Man kann dieses Gesetz jetzt nicht mehr ändern.

b. Diese Frage kann man leider nicht beantworten.

c. Die Schloßkirche kann man nur am Sonntag zwischen 10 und 12 besichtigen.

d. Nachdem es geregnet hatte, konnte man den Rückweg nicht mehr finden.

e. Man konnte den Wagen nach dem Unfall nicht mehr reparieren.

f. Diese Preise kann man nicht mehr bezahlen.

g. (Die Diskussion dauert noch an und) man kann über einzelne Maßnahmen jetzt noch nicht entscheiden.

h. Diese Geschichte kann man kaum glauben.

3.

Einige Politiker erläuterten den Standpunkt ihrer Partei.
Einige Politiker versuchten, den Standpunkt ihrer Partei zu erläutern.

---

a. Die Gewerkschaftsvertreter wollten das Ladenschlußgesetz ändern.

Die Gewerkschaftsvertreter schlugen vor, ...

b. Jeder kann seinen Laden öffnen, wann er will.
Niemand wird gezwungen, ... (wenn er nicht will).

c. Man kann nicht nur neue Gesetze einführen. (Man muß der Bevölkerung auch klar machen, was für einen Zweck sie haben.)
Es genügt nicht, ...

d. Die Experten müssen diese Probleme endlich diskutieren.
Die Experten müssen endlich anfangen, ...

e. Die Regierung soll dieses Gesetz endlich verabschieden.
Die Regierung hat es jahrelang versäumt, ...

f. Alle Verkäufer und Verkäuferinnen sollen an dieser Kundgebung teilnehmen. (!)
Die Gewerkschaft hat allen Verkäufern und Verkäuferinnen geraten, ...

g. Viele Berufstätige kaufen unter der Woche nicht mehr ein. (!)
Viele Berufstätige haben es aufgegeben, ...

h. Die Beamten dürfen an Protestkundgebungen nicht teilnehmen.
Das Gesetz verbietet den Beamten, ...

i. Die Versicherungen machen uns ständig auf alle möglichen Gefahren aufmerksam.
Die Versicherungen hören nicht auf, ...

4.

Die Verbraucher sollen die Ladenschlußzeiten bestimmen, und nicht die Kaufhauskonzerne.
Nicht die Kaufhauskonzerne, sondern die Verbraucher sollen die Ladenschlußgesetze bestimmen.

---

a. Eine Verlängerung der Einkaufszeiten steigert die Preise, und nicht den Umsatz.

b. Die Hausfrauen sollten ihre Lebensmittel unter der Woche besorgen, und nicht am Samstag, wenn die Berufstätigen einkaufen müssen.

c. Den Beifall bekamen die Vertreter der Gewerkschaften und nicht die Politiker.

d. Mein Mann wollte eigentlich Ingenieur werden und nicht Journalist.

e. Wir wollten eigentlich nach Tokio fliegen und nicht nach Kuba.

f. Ich wollte in Frankfurt landen und nicht in Zürich.

5.

> Die Hausfrauen sollten statt eines Plastikbeutels wieder eine Einkaufs-
> tasche nehmen.
> Die Hausfrauen sollten nicht einen Plastikbeutel nehmen, sondern eine
> Einkaufstasche.

a. Sie sollten statt der Einwegflaschen normale Glasflaschen verlangen.
b. Statt der vielen Autobahnen sollte man umweltfreundliche Schnellbahnen bauen. (statt der vielen → nicht so viele)
c. Statt nur nach dem Gewinn zu sehen, sollten die Industriefirmen umweltfreundliche Fabriken bauen.
d. Die Regierungen sollten besser die Atomtests einstellen, statt nur der
   Bevölkerung gute Ratschläge über den Umweltschutz zu geben.
e. Statt der vielen (!) Verpackung sollen die Kaufhäuser bessere Waren
   anbieten.

6.

> Die wenigsten wollen eine Verlängerung der Arbeitszeit.
> Die meisten wollen keine Verlängerung der Arbeitszeit.
> Die wenigsten Argumente waren neu.
> Die meisten Argumente waren nicht neu. (oder: waren bekannt)

a. Die wenigsten Berufstätigen haben während der Woche Zeit zum Einkaufen.
b. Die wenigsten Berufstätigen können während der Woche einkaufen.
c. Die wenigsten arbeiten in dem Beruf, der ihnen am meisten Spaß machen würde.
d. Die wenigsten Neubauwohnungen liegen verkehrsgünstig.
e. Die wenigsten Friseure haben ihren Laden montags offen. (!)
f. Die wenigsten Fernsehsendungen sind wirklich interessant.

7. *Lesen Sie diese Beispielsätze:*

Einige Leute geben viel zu viel Geld für ihr Auto aus.
Die Polizei nahm *einigen* Fahrern den Führerschein ab.
Einigen Fahrern wurde der Führerschein abgenommen.

Auf der Durchreise nach Italien besuchten wir *einige* Freunde.
Die Argumente *einiger* Autofahrer gegen die Geschwindigkeitsbegrenzung sind wirklich blöd.

Setzen Sie jetzt ein:

a. ..... Verkäufer würden am liebsten schon um fünf Uhr nach Hause gehen.

b. ..... Leute verbringen den ganzen Samstag vormittag mit Einkaufen.

c. Bei ..... Fernsehsendungen schlafe ich jedesmal ein.

d. Am Wochenende machten wir mit ..... Freunden einen Ausflug.

e. ..... Touristen dauerte die Führung zu lange.

f. Die Teilnehmer unterbrachen ..... Redner durch Zwischenrufe.

g. Die Meinung ..... Gewerkschaftsvertreter gefiel den Gegnern dieses Gesetzes gar nicht.

h. Der Vorschlag ..... Politikerinnen, in der U-Bahn das Rauchen zu verbieten, wurde heftig diskutiert.

i. ..... Projekte mußten wegen der hohen Kosten eingestellt werden.

8. *Setzen Sie ein:* aufrufen zu, berichten über, einladen zu, teilnehmen an

a. Die Zeitungen ..... ausführlich ..... die Protestkundgebung, die gestern auf dem Marktplatz stattfand.

b. Die Gewerkschaft hatte ihre Mitglieder ..... dieser Kundgebung ..... .

c. Der Norddeutsche Rundfunk hatte mehrere Experten ..... einer Diskussion ..... .

d. Da diese Versammlung verboten war, hielten es die meisten Studenten für besser, nicht ....

e. Die Schüler beschlossen, ihren Lehrer ..... einer Gartenparty ..... .

f. Herr Zinn, der seit zwei Jahren Reporter bei der Abendzeitung ist, wurde in den Nahen Osten geschickt, um ..... die Probleme der Flüchtlinge ....

9. *Sie haben in dieser Lektion die verschiedenen Argumente für und gegen einen späteren Ladenschluß gelesen. Schreiben Sie nun einen Leserbrief, der nicht länger als vier oder fünf Sätze sein sollte*
oder:
Vergleichen Sie die Situation in der Bundesrepublik mit der in Ihrem eigenen Lande!

1. *Lesen Sie diese Meldung und vergleichen Sie den Text mit der Beschreibung des Skifliegens:*

Schweres Flugzeugunglück auf Mallorca — 139 Tote

Mallorca — (Eigener Bericht) Heute morgen wurde die internationale Luftfahrt erneut von einem schweren Unglück getroffen. Kurz nach dem Start begann eine Maschine der Pan-Air-Fluggesellschaft, die 133 Urlauber von Mallorca nach Bayern zurückbringen sollte, durch die Luft zu torkeln. Nach Aussagen einiger Flughafenbeamter versuchte der Pilot offenbar, die Maschine wieder unter Kontrolle zu bringen. Nachdem die Flughöhe jedoch erst 300 Meter betrug, mißglückte dieser Versuch, und die Maschine schlug mit einer Geschwindigkeit von etwa 600 Stundenkilometern, nur wenige Kilometer vom Flughafen entfernt, in der Nähe eines Dorfes auf. Dabei fanden alle 133 Passagiere und 6 Besatzungsmitglieder* den Tod. (Ausführlicher Bericht auf Seite 3)

* (Besatzungsmitglieder = Pilot, Copilot, Stewardessen)

2. *Ergänzen Sie diese Sätze:*

a. Er war gesprungen.
   (in die Anlaufspur)
   (mit einem großen Satz)
b. Sein Flug hatte begonnen.
   (planmäßig)
c. Er begann zu torkeln.
   (durch die Luft)
   (wenige Sekunden nach dem Absprung)
d. Er hatte sein Tempo beschleunigt.
   (ständig)
e. Er schlug auf.
   (auf dem Steilhang)
   (136 Meter vom Schanzentisch entfernt)
   (mit einer Geschwindigkeit von 140 km/h)

f. Ich habe gewaltige Angst.
  (vor jedem Sprung)
  (obwohl ich schon oft gesprungen bin)
g. Er berührte den Boden.
  (mit beiden Händen)
  (bei der Landung)
h. Dreißig Techniker beschäftigten sich mit der Planung.
  (drei Jahre lang)
i. Ich wollte den Wagen anmelden.
  (zur Reparatur)
  (schon vorige Woche)
j. 20 000 Menschen verunglückten tödlich.
  (im vergangenen Jahr)
  (auf den Straßen der BRD)
k. Die Autofahrer sollen den Motor abschalten.
  (innerhalb des Stadtgebietes)
  (vor beschrankten Bahnübergängen)

3.

Manfred Wolf aus der DDR erzählte dem Reporter:
Ich weiß nicht, wie es passierte.
Der Reporter schrieb in seinem Bericht:
Er wußte nicht, wie es passiert war.

---

a. Ich sprang mit einem großen Satz in die Anlaufspur.
b. Ich beschleunigte ständig mein Tempo.
c. Mein Flug begann planmäßig.
d. Dann torkelte ich durch die Luft.
e. Nach ein paar Sekunden brachte ich meinen Flug wieder unter Kontrolle.
f. Meine Flughöhe betrug nur noch fünf Meter.
g. Trotzdem flog ich 176 Meter.
h. Leider ist dieser Rekordsprung ungültig, weil ich den Boden mit beiden Händen berührte.
i. Der nächste Sprung kostete mich große Selbstüberwindung.
j. Aber jetzt (!) bin ich glücklich, daß ich trotzdem gewonnen habe.

4.

> Es wurde eine Bruchlandung, obwohl sein Flug planmäßig begonnen hatte.
> Es wurde eine Bruchlandung. Dabei hatte sein Flug planmäßig begonnen.

a. Die Versammlung nahm ein turbulentes Ende, obwohl sie ganz ruhig begonnen hatte.

b. Die Skispringer aus der DDR waren mit ihren Leistungen unzufrieden, obwohl einer von ihnen einen neuen Weltrekord aufgestellt hatte.

c. Die Piloten fordern ein höheres Gehalt, obwohl sie bereits zwischen 5000 und 7000 Mark im Monat verdienen.

d. Die wenigsten Autofahrer stellen vor beschrankten Bahnübergängen den Motor ab, obwohl unnötiges Laufenlassen des Motors mit Bußgeldern geahndet wird.

e. Eine Bekannte von mir hat vor jedem Flug gewaltige Angst, obwohl sie schon mindestens 20mal geflogen ist.

5.

> Zuerst erläuterte der Sprecher den Standpunkt seiner Partei. Dann begann die Diskussion.
> Nachdem der Sprecher den Standpunkt seiner Partei erläutert hatte, begann die Diskussion.

a. Mein Bruder brach sich beim Skifahren das Bein. Darauf verkaufte er seine Skier.

b. Er sprang mit einem großen Satz in die Anlaufspur. Dann beschleunigte er ständig sein Tempo.

c. Ich hörte von einer Bekannten, wie wenig eine Krankenschwester verdient. Dann wurde ich Lehrerin.

d. Er arbeitete zuerst zwei Wochen in der Küche eines kleinen Hotels. Hinterher machte er zwei Wochen Urlaub.

e. Zuerst sagte Herr Hürlimann ordentlich seine Meinung. Dann fuhr er nach Hause.

6.

> Die Lufthansa hatte den Flugverkehr eingestellt. Deshalb mußte ich mit dem Zug fahren.
> Da die Lufthansa den Flugverkehr eingestellt hatte, mußte ich mit dem Zug fahren.

a. Ihre Fahrkarte ist ungültig. Deshalb müssen Sie zwanzig Mark Bußgeld bezahlen.

b. Diese Schnellbahn soll erst ab 1985 fahren. Deshalb interessiert sie mich nicht.

c. Ich gebe immer einen Haufen Geld aus für Sachen, die wir nicht brauchen. Deshalb gehe ich nicht mehr ins Einkaufszentrum.

d. Die meisten Arbeitnehmer sind zu lange unterwegs. Deshalb müssen die Entfernungen zwischen Wohnort und Arbeitsplatz verringert werden.

7. *Setzen Sie ein:* von mir, von dir, ... von ihnen *usw.*

a. Die Passagiere waren auf dem Rückweg in die Bundesrepublik. Die meisten . . . . kamen aus Bayern.

b. Die einzelnen Redner versuchten die Standpunkte ihrer Parteien zu erläutern. Einige . . . . brachten Argumente, die man schon früher gehört hatte.

c. Ich kenne das Problem. Ein Freund . . . . arbeitet in den Ferien immer als Taxifahrer.

d. Sagen Sie, Herr Zinn, Takao Ito ist doch ein Bekannter . . . .

e. Du kennst doch Thomas Fuchs. Ist das nicht ein Kollege . . . .

f. Natürlich hat Dieter auch von Renate erzählt. Das ist doch eine gute Freundin . . . .

g. Warum habt ihr Hans und Eva nicht eingeladen? Das sind doch auch Bekannte . . . .

8.

> Ich wollte an dieser Versammlung teilnehmen. (Sie wurde von der Polizei verboten.)
> Die Versammlung, an der ich teilnehmen wollte, wurde von der Polizei verboten.

a. Ich arbeite im Augenblick an einem Experiment. (Es macht mir große Schwierigkeiten.)
Das Experiment, ...

b. Wir diskutierten zwei Stunden über einen Vorschlag. (Er war längst bekannt.)
Der Vorschlag, ...

c. Die meisten Politiker haben sich für dieses neue Gesetz entschieden. (Es ist arbeitnehmer- und familienfeindlich.)
Das neue Gesetz, ...

d. Bekannte von uns haben letztes Jahr in diesem Hotel übernachtet. (Es wurde kürzlich geschlossen.)
Das Hotel, ...

e. Die Tageszeitungen berichteten bereits gestern über dieses Unglück. (Es ist viel schwerer, als man gedacht hatte.)
Das Unglück, ...

f. Während des Studiums in Berlin wohnte ich bei einem Freund. (Er besuchte mich vergangene Woche.)
Der Freund, ...

g. Ich habe dieses interessante Buch von einer Freundin bekommen. (Sie ist jetzt leider ins Ausland gegangen.)
Die Freundin, ...

h. Ich habe dieses Projekt mit einigen Kollegen entwickelt. (Sie sind schon lange nicht mehr bei der Firma.)
Die Kollegen, ...

9. *Setzen Sie ein:* am/an der/an dem; beim/bei der . . . . . ; im/in der . . . . . ; vom/von der; zum/zu der . . . . .

a. Wahrscheinlich haben Sie Ihren Paß . . . . . Hotel liegen lassen.

b. Gestern haben wir . . . . . Restaurant gegessen, das erst kürzlich eröffnet wurde.

c. Sie können seine Adresse . . . . . Telefonbuch nachsehen.

d. Ich suche seit zwei Monaten eine Wohnung . . . . . Stadtrand.

e. Herr Fuchs ging . . . . . Arzt, den ihm Herr Meier empfohlen hatte.

f. Herr Reichel holt jeden Tag seine Kinder . . . . . Schule ab.

10. Jedes Jahr gibt es bei diesen Sportarten eine Reihe von Toten.

Welche Meinung vertreten Sie? Ist das Sport oder Leichtsinn?

Lektion 10

1. Gleichberechtigung?

Die Gleichberechtigung der Frau ist seit Jahren im Grundgesetz der Bundesrepublik festgelegt. Dieses Recht gilt sowohl für die politische Betätigung als auch für das Berufsleben. So steht es auf dem Papier, aber die Praxis sieht anders aus.

Erstens versuchen die Männer auf allen Gebieten ihre Vorherrschaft zu behaupten, nicht nur in den Orchestern. So gibt es nur ganz wenige Industriefirmen, die von einer Frau geleitet werden. In den meisten Firmen haben nur Männer Führungspositionen, und sehr häufig ist es so, daß Frauen für dieselbe Arbeit auch noch schlechter bezahlt werden als ihre männlichen Kollegen.

Zweitens nehmen sich viel zu wenige Frauen das Recht auf Gleichberechtigung. Im politischen Leben zum Beispiel spielen sie kaum eine Rolle. So waren 1973 von 518 Abgeordneten nur 30 Frauen. Immer wieder versuchen die Parteien, vor allem die SPD und die FDP, die Frauen für die Politik zu interessieren, aber leider ist die große Mehrheit der Frauen noch immer der Meinung: Politik ist Männersache.

Diskutieren Sie über dieses Thema:

Insgesamt gehen weniger Mädchen auf die höhere Schule und auf die Universität, denn viele Eltern stehen immer noch auf dem Standpunkt: Mädchen brauchen keine teure Ausbildung. Früher oder später heiraten sie. Dann gehen sie in den Haushalt, und dafür braucht man doch nicht zu studieren.

2. *Ergänzen Sie diese Sätze:*

a. Die Musiker lassen sich belehren.
   (geduldig)
   (in den Proben)
   (von der jungen Frau)

b. Sie wollte einen Kammermusikkreis gründen.
   (in Heidelberg)
   (vor zwei Jahren)

c. Es gibt keine Vorurteile.
   (in ihrem Orchester)
   (gegen Damen)

d. Es gibt 18 Millionen Kubikmeter Autowracks.
   (jährlich)
   (in der BRD)
   (nach Berechnungen von Umweltschutzexperten)

e. Lassen Sie sich beraten!
   (von Frau Weber)
   (am besten)

3.

> Wollen Sie das Garagentor selbst streichen? –
> Nein, ich lasse es streichen.

a. Wollen Sie den Zaun selbst reparieren?
b. Will Herr Fuchs den Wagen selbst abschleppen?
c. Will Frau Bauer die Karten selbst vom Reisebüro abholen?
d. Wollt ihr eure Hemden selbst waschen?
e. Wollen Kaufmanns ihr Haus selbst in Ordnung bringen?

4.

> Mußt du deinen alten Volkswagen jetzt weggeben?
> (noch einmal reparieren)
> Nein, ich lasse ihn noch einmal reparieren.

a. Willst du deinen neuen Fernseher selbst abholen? (herbringen)
b. Wollt ihr im Restaurant frühstücken? (das Frühstück auf das Zimmer bringen)
c. Gefällt dir dieses Kleid nicht mehr? (ändern)
d. Glauben Sie, daß Sie morgen im „Weißen Elefanten" einen Platz bekommen? (Tisch reservieren)
e. Planen Sie Ihre Urlaubsreise ganz alleine? (vom Reisebüro beraten)

5.

> Willst du selbst zum Flughafen fahren? –
> Nein, ich lasse mich hinbringen.

a. Entschuldigung, darf ich noch einen Vorschlag machen? –
Nein, ich .... jetzt nicht mehr unterbrechen.
b. Haben Sie Ihrem Sohn gesagt, daß seine politischen Ansichten gefährlich sind? –
Ja, aber er .... nicht belehren.
c. Ist das neue Hochschulgesetz schon verabschiedet?
Ja, das .... leider nicht mehr ändern.
d. Ich bin sicher, daß uns der neue Hausherr am liebsten rauswerfen würde. –
Wir .... aber nicht rauswerfen.
e. Mutti, Peter nimmt mir immer die Spielsachen weg. –
Sei ruhig und .... nicht ärgern.
f. Unser Hausherr hat schon wieder die Miete erhöht. –
Ihr .... viel zu viel gefallen.
g. Am Montag bekomme ich mein neues Auto. –
..... du ..... dann auch mal fahren?
h. Ich habe fürchterlich viel Arbeit im Haushalt. –
Warum ..... du ..... nicht von deinem Mann helfen?

6.

> Sie fuhr nach Wien. Sie wollte an einem Dirigentenkurs teilnehmen.
> Sie fuhr nach Wien, um an einem Dirigentenkurs teilzunehmen.

a. Herr Schmidt arbeitet sehr hart. Er möchte eine höhere Position erreichen.

b. Thomas übt jeden Tag fünf Stunden auf der Geige. Er möchte seine Technik verbessern.

c. Der Rennfahrer versuchte alles. Er wollte seinen Wagen wieder unter Kontrolle bringen.

d. Dieter besuchte seinen Freund jeden Tag im Krankenhaus. Er wollte nämlich die Krankenschwester näher kennenlernen.

e. Die Behörden lassen jetzt überall Plakate aufstellen. Sie wollen die Bevölkerung auf den Umweltschutz aufmerksam machen.

7.

> Auf der Autobahn wurden viele Unfälle verursacht. Deshalb mußte der Verkehr umgeleitet werden.
> Durch das schlechte Wetter wurden auf der Autobahn so viele Unfälle verursacht, daß der Verkehr umgeleitet werden mußte.

a. Es wurde viel Geld verbraucht. Deshalb mußte der Bau der Teststrecke eingestellt werden.
Durch falsche Planung . . . . .

b. Es wurden viele Unfälle verursacht. Deshalb müssen schnellstens neue Maßnahmen eingeführt werden.
Durch das schnelle Fahren . . . . .

c. Es wurden (zu) viele Wohnungen gebaut. Deshalb konnten sie hinterher nicht mehr verkauft werden.
Auf Grund falscher Berechnungen . . . . .

d. An der Fassade des Doms wurden starke Schäden verursacht. Einige Figuren konnten nicht mehr repariert werden.
Durch die Verschmutzung der Luft . . . . .

e. Das neue englisch-französische Düsenflugzeug ist sehr laut. Es darf auf vielen Flughäfen nicht landen.
Auf Grund einer falschen technischen Planung . . . . .

8. *Setzen Sie das richtige Wort ein:* an, auf, bei *usw.*/daran, darauf *usw.*

a. Der Mann von Michaela hält sich . . . . . einen modernen Mann.

b. Dieses Schloß haben wir schon besichtigt – erinnerst du dich noch . . . . . .?

c. Ich bringe den Koffer allein nicht zu – kannst du mir . . . . . helfen?

d. Wir haben uns gerade . . . . . ein interessantes Thema unterhalten.

e. Die Gewerkschaften riefen . . . . . einer Protestkundgebung . . . . . .

f. Du solltest diese junge Dame vielleicht . . . . . ihrer Adresse fragen.

g. Diese Bestimmung gilt nur . . . . . Landstraßen.

h. Wenn Sie gerne reisen, sollten Sie sich . . . . . diese Stelle bewerben.

9. *Ergänzen Sie diese Sätze:*

(Beachten Sie, daß es jeweils mehrere Möglichkeiten gibt.)

> Frauen sind für die Lufthansa unrentabel, weil sie bald heiraten und dann ihren Beruf aufgeben.
> Im Hinblick auf ihre Ausbildungskosten sind Frauen für die Lufthansa unrentabel, ...
> Frauen sind im Hinblick auf ihre Ausbildungskosten für die Lufthansa unrentabel, ...
> Frauen sind für die Lufthansa im Hinblick auf ihre Ausbildungskosten unrentabel, ...

a. Die Ozeane sind für unser Leben wichtig.
(besonders im Hinblick auf den Sauerstoffbedarf)

b. Die Skispringer aus der Tschechoslowakei sind den anderen weit voraus.
(besonders im Hinblick auf ihre Technik)

c. Die neue Schnellbahn ist sehr interessant.
(besonders im Hinblick auf den Umweltschutz)

10.

> Frauen sind zu anfällig.
> Frauen sind nach Auffassung der Fluggesellschaft zu anfällig.
> (Nach Auffassung der Fluggesellschaft sind Frauen zu anfällig.)

a. Maya wurde die Leiterin der Gruppe.
Ohne Diskussion . . . . .

b. Die Versammlung ging zu Ende.
Vor etwa einer halben Stunde . . . . .

c. Sie lassen sich korrigieren.
In den Proben . . . . .

d. Jetzt werden große Einkaufszentren gebaut.
Überall in Europa . . . . .

11.

Sie wissen nun ein wenig, wie die Gleichberechtigung der Frau in der Bundesrepublik aussieht.
Beschreiben Sie für einen deutschen Freund oder ein deutsches Publikum, wie es sich damit in Ihrem Land verhält.

Beispiel:
Die Stellung der Frau in der Familie, in der Gesellschaft und im Beruf ist in . . . . . ganz ähnlich wie in der BRD.

oder:
Im Gegensatz zur BRD kann eine Frau in . . . . . überhaupt keinen gelernten Beruf ausüben.

Lektion 11

1.

Der gelöschte Vater

Schreiben Sie eine kurze Geschichte über diese vier Bilder!

1	3
nach Hause kommen	zurückkommen
der Rauch	ein Eimer Wasser
die Wolke	durch das Fenster ins
die Rauchwolke	Zimmer schütten
quellen (quillt, quoll, ist gequollen)	das Feuer / den Brand löschen
erschrecken	4
der Schrecken	ans Fenster kommen
einen Schreck bekommen	naß
2	erstaunt/überrascht sein
erschreckt davonlaufen	auf die Pfeife zeigen
– rennen	wütend, sehr böse, ärgerlich

2. Rauchen – ein ernstes Problem unserer Gesellschaft

Die amerikanische Regierung hat die Bevölkerung jahrelang vor den Gefahren des Rauchens gewarnt, aber die Amerikaner rauchen mehr als je zuvor. Auch in Großbritannien muß auf jeder Zigarettenschachtel die Warnung stehen, daß Rauchen für die Gesundheit schädlich ist. Außerdem wurde die Tabaksteuer erhöht, da man glaubte, die Raucher durch höhere Preise von ihrem Laster abbringen zu können. Dennoch steigt in Großbritannien der Zigarettenverbrauch ständig. In Italien wurde jede Werbung für Zigaretten verboten, aber auch dort wird von Jahr zu Jahr mehr geraucht.

Aus diesem Grund sehen viele Wissenschaftler nur noch eine Möglichkeit, die Menschen vor den Gefahren des Rauchens zu schützen: Sie fordern von der Tabakindustrie, daß Zigaretten entwickelt werden, die immer weniger gesundheitsschädlich sind.

3. *Ergänzen Sie diese Sätze:*

a. Mehr als dreitausend Personen haben an Anti-Rauchkursen teilgenommen.
   (in dem Kurort Bad Nauheim)
   (vergangenes Jahr)
   (mit Erfolg)

b. Man kann sich das Rauchen abgewöhnen.
   (in Anti-Rauchkursen)
   (innerhalb von acht Tagen)

c. 50 % der ehemaligen Kursteilnehmer rauchen wieder.
   (nach viereinhalb Jahren)
   (Umfragen haben ergeben, ...)

4.

> In der Zeitung steht: „Die Fernsehreklame für Zigaretten wurde abgeschafft."
> Im Gespräch sagen Sie: „Die Fernsehreklame . . . . ist abgeschafft worden."

a. In den Flugzeugen der Lufthansa wurde das Rauchen eingeschränkt.

b. In vielen öffentlichen Verkehrsmitteln wurde das Rauchen verboten.

c. Erst vor wenigen Jahren wurde das Rauchen für ältere Schüler erlaubt.
d. Die ersten Untersuchungen über die Gefährlichkeit des Rauchens wurden schon vor zwanzig Jahren durchgeführt.
e. Seit dieser Zeit wurden immer wieder dieselben Argumente gegen das Rauchen vorgebracht.

5. *Setzen Sie ein:* aufgerufen, bekanntgegeben, gefordert, verabschiedet, veröffentlicht

a. Seit vielen Jahren werden in den Zeitungen beinahe täglich Programme . . . . . , wie man sich das Rauchen abgewöhnen kann.
b. Der Finanzminister hat nach einer Besprechung mit der Gesundheitsministerin seine Absicht . . . . . , die Tabaksteuer zu erhöhen.
c. Von vielen Ärzten wird seit Jahren ein Gesetz . . . . . , das das Rauchen am Arbeitsplatz, in öffentlichen Verkehrsmitteln und in Restaurants verbietet.
d. Ein Gesetz, das die Fernsehreklame für Zigaretten verbietet, ist bereits vor Jahren . . . . . worden.
e. Ein amerikanischer Journalist, der täglich mehr als 50 Zigaretten geraucht hatte und vor einigen Jahren an Lungenkrebs gestorben ist, hat kurz vor seinem Tod seine Mitmenschen . . . . . , sich das Rauchen abzugewöhnen.

6.

> Wann verbietet man endlich das Rauchen in öffentlichen Verkehrsmitteln? (vor Jahren)
> Das ist doch schon vor Jahren verboten worden.

a. Glauben Sie, daß die Lufthansa wegen des Nebels den Flugverkehr einstellt? (heute morgen)
b. Ich glaube nicht, daß die Polizei diesen gefährlichen Betrüger je erwischt. (vor zwei Wochen)
c. Die Wissenschaftler sollen erst einmal beweisen, daß Rauchen Lungenkrebs verursacht. (vor einigen Jahren)
d. Einige Politiker bringen ständig neue Argumente gegen eine Änderung des Ladenschlußgesetzes vor. (dieselben Argumente, schon vor zehn Jahren)

e. Die Geschäfte sollen die leeren Flaschen zurücknehmen. (früher auch)

f. Der Bundestag sollte diese Fragen des Umweltschutzes endlich entscheiden. (vor ein paar Monaten)

g. Ich kann mir vorstellen, daß viele Kunden diese neuen Tabletten verlangen, mit denen man sich das Rauchen abgewöhnen kann. (noch nie)

7.

> Rauchen Sie? – Ja! – Wann haben Sie angefangen zu rauchen?

a. Interessieren Sie sich für Politik? – Sehr stark sogar! – Wann haben Sie angefangen . . . . .

b. Sie kommen also morgen zu unserer Gartenparty! – Nein, ich kann leider nicht! – Aber Sie haben doch versprochen . . . . .

c. Fährt Erich mit seiner Freundin in Urlaub? – Ich glaube nicht. Seine Eltern haben ihm verboten, ...

d. Hat die Regierung ein neues Ladenschlußgesetz verabschiedet? – Nein, sie hat es bisher immer wieder versäumt, ...

e. Sie hatten wohl ziemlich schlechtes Wetter im Urlaub? – Ja, kurz nachdem wir angekommen waren, begann es . . . . . (!)

f. Mich betrügt so leicht niemand. Aber dieser Gebrauchtwagenhändler glaubte, ...

g. Lief der Autofahrer davon, nachdem er den Unfall verursacht hatte? – Ja, er versuchte . . . . .

8.

> Herr Fuchs redet immer von Gleichberechtigung, aber er hilft seiner Frau nicht einmal im Haushalt.
> Wer seiner Frau nicht im Haushalt hilft, sollte nicht von Gleichberechtigung reden.

a. Herr Meier wollte sich im Urlaub erholen, aber er fuhr mit dem Auto durch halb Europa.

b. Frau Schulze kauft nur im Supermarkt ein, aber sie wundert sich, daß immer mehr kleine Läden schließen müssen.

c. Die meisten Leute wollen jeden Tag pünktlich um 5 Uhr aus dem Büro gehen, aber sie verlangen von den Verkäufern, daß sie bis 21 Uhr im Laden stehen.

d. Herr Neumayer fuhr in der Stadt über 80, aber er ärgerte sich, daß (!) er von der Polizei erwischt wurde.

9. Und hier noch ein paar gute Ratschläge, wie man sich das Rauchen abgewöhnen kann:

1. Kaufen Sie sich immer nur eine Schachtel Zigaretten.
2. Lehnen Sie alle Zigaretten ab, die Ihnen angeboten werden.
3. Rauchen Sie nur noch Filterzigaretten.
4. Legen Sie die Zigarettenschachtel immer so weit weg, daß Sie bei jeder Zigarette erst aufstehen müssen.
5. Schauen Sie jedesmal auf die Uhr, wenn Sie rauchen wollen, und warten Sie dann noch fünf Minuten, bis Sie sich eine Zigarette anzünden.
6. Glauben Sie, daß das hilft!

Glauben Sie, daß das hilft?

Lektion 12

1. Omas Möbel sind wieder modern

In der Bundesrepublik sammeln gerade auch junge Leute, die sich für sehr modern halten, Bilder, Möbel, ja ganz alltägliche Gegenstände aus Groß-mutters Zeiten. Die wenigsten von ihnen denken dabei an Antiquitäten als Geldanlage. Außerdem hätten sie nicht soviel Geld, um sich ein wertvolles Gemälde oder einen teuren Tisch aus dem 18. Jahrhundert zu kaufen. Sie kaufen lieber einen bemalten Bauernschrank oder einen alten Stuhl. Sie wollen auch nicht, daß die ganze Wohnung wie ein Antiquitätenladen aus-sieht. Aber wenn schon ein Großteil der Möbel und der Haushaltsgegen-stände aus dem Einkaufszentrum kommen, so möchte man wenigstens ein paar Dinge haben, die nicht zu Tausenden produziert worden sind. Und deshalb müssen diese Dinge auch nicht besonders alt oder besonders teuer sein, wenn sie nur ein wenig individuell sind und ein bißchen den persönlichen Geschmack des einzelnen zeigen.

Lesen Sie dazu noch einmal die Fragen 12 C, 1. a, b und c!

2. *Ergänzen Sie diese Sätze:*

a. Kunst und Antiquitäten sind das große Geschäft.
    (in Zeiten des Wohlstands)
b. Eine Galerie kaufte eine Gemälde von Rembrandt.
    (vor einigen Jahren)
    (für über drei Millionen)
c. Es gab heftige Diskussionen über diesen Ankauf.
    (in der ganzen Bundesrepublik)
    (über das Für und Wider)
d. Der Kauf dieses Gemäldes ist eine Verpflichtung.
    (nach meiner Meinung)
    (für den Staat)

3.

Warum kaufst du dir nicht ein paar alte Bilder? – Weil ich kein Geld habe.
Wenn ich Geld hätte, würde ich mir ein paar alte Bilder kaufen.

---

a. Warum gehst du nicht mit ins Kino? – Weil ich keine Zeit habe.
b. Warum nehmen die Dirigenten keine Frauen in ihre Orchester auf? – Weil sie altmodische Vorurteile haben.
c. Warum war das kein Rekordsprung? – Weil der Springer mit beiden Händen den Boden berührt hat.
d. Warum sind Sie auf dieser Straße 80 gefahren? – Weil ich nicht wußte, daß dort eine Radarkontrolle durchgeführt wird.
e. Warum geht Peter nicht am Samstag mit uns zum Skifahren? – Weil er Schule hat.

4.

Leider kann ich nicht skifahren, sonst würde ich im Winter Urlaub machen.
Wenn ich skifahren könnte, würde ich im Winter Urlaub machen.

---

a. Leider kann man ihn nicht vom Rauchen abbringen. Er wäre (nämlich) ein guter Sportler.

b. Mein Mann kann leider die Kinder nicht versorgen, sonst würde ich halbtags ins Büro gehen.

c. Leider kann man sich mit Meiers über nichts (!) anderes als über ihre Kinder unterhalten; sonst wären die Einladungen nicht immer so langweilig.

d. Leider können Sie nicht Latein, sonst könnten Sie Medizin studieren.

e. Leider kannst du nicht autofahren, sonst könntest du in den Ferien als Taxifahrer arbeiten.

f. Leider könnt ihr eure Theaterkarten jetzt nicht mehr zurückgeben, sonst würde ich euch billigere besorgen.

5.

> Alte Gemälde sind sehr wertvoll. (mit der Zeit)
> Alte Gemälde werden mit der Zeit immer wertvoller.

a. Die Preise für gute Antiquitäten sind sehr hoch. (von Jahr zu Jahr)

b. Persische Teppiche sind leider sehr teuer. (jedes Jahr)

c. Die Berufsprobleme für Abiturienten sind sehr groß. (in den nächsten Jahren)

d. Das Orchester von Maya Soya ist sehr gut. (mit jeder Probe)

e. Der Autofahrer war wütend. (im Lauf des Gesprächs)

f. Die Diskussion war ziemlich laut. (von Stunde zu Stunde)

g. Autorennen waren immer schon gefährlich. (von Jahr zu Jahr)

h. Die Männermode ist (in diesem Herbst) ziemlich verrückt. (jedes Jahr)

6. *Setzen Sie ein:* am, an, auf, aus, für *usw.*

a. Die Preise ..... Antiquitäten steigen ständig.

b. Die Diskussionen ..... das Ladenschlußgesetz sollten endlich abgeschlossen werden.

c. Der Staat sollte ..... meiner Meinung mehr Geld ..... Altersheime und Kindergärten ausgeben.

d. Der Staat ist ..... jeden Fall verpflichtet, die Kunstwerke zu erhalten.

e. Antiquitäten sind ..... Hinblick ..... die ständige Inflation eine gute Geldanlage.

f. ..... meiner Auffassung sollte man ..... diesem Grund lieber ein paar alte Gemälde als ein neues Auto kaufen.

g. Dieser Teppich ist ..... Garantie keine 2000 Mark wert.

h. Eine Handschrift von Schiller kostet ..... Durchschnitt weniger als eine von Goethe.

i. ..... 300 Leuten, die der Reporter befragte, waren etwa 180 gegen den Ankauf des Rembrandt-Gemäldes.

j. Mit der Absage ..... die Pilotin stellte sich die Lufthansa erneut ..... die Gleichberechtigung.

7. *Was sind das für Gegenstände?*

a. eine alte Zuckerdose

b. ein bemalter Bauernschrank

c. ein bayrischer Bierkrug

d. eine sehr wertvolle Standuhr

e. ein barocker Engel

f. eine französische Silberschale aus dem 19. Jh.

Bilden Sie Sätze:

Bei dem Gegenstand auf Bild 3 handelt es sich um eine alte Zuckerdose.

Lektion 13

1. Probleme der Gastarbeiter

„Herzlich Willkommen" sagt man in Deutschland zu einem Gast. Aber Gastarbeiter sind nicht immer herzlich willkommen. Deshalb gebraucht man heute den Ausdruck „ausländische Arbeitnehmer". Das ist neutraler. Früher hießen sie „Fremdarbeiter". Das war ein häßlicher Ausdruck, aber er war ehrlicher als „Gastarbeiter", denn die meisten ausländischen Arbeitnehmer bleiben Fremde in Deutschland. Wie Gäste werden sie jedenfalls nicht behandelt. Sie machen häufig die Arbeit, für die sich andere zu gut sind. Zum Beispiel arbeiten sie bei der Müllabfuhr. Sie wohnen oft in Wohnungen, die man sonst nur noch schlecht vermieten kann, und bezahlen auch noch hohe Mieten dafür. Wenn ihre Familien nachkommen, müssen die Kinder in deutsche Schulen gehen, wo sie meistens keine Freunde finden und auch sonst große Schwierigkeiten haben, weil sie nicht deutsch sprechen.

Vielen Gastarbeitern bleibt aber keine andere Wahl. Sie müssen in eines der westeuropäischen Industrieländer zum Arbeiten gehen, wenn sie Geld verdienen wollen, da sie in ihren Heimatländern entweder gar keine Arbeit finden oder nur Arbeit, die so schlecht bezahlt ist, daß sie davon ihre Familien nicht ernähren können.

Wie lassen sich nach Ihrer Meinung diese Probleme lösen, die es nicht nur in der Bundesrepublik gibt?

2. *Erweitern Sie die folgenden Sätze:*

a. Gastarbeiter können ihre Familien nachkommen lassen.
    (seit einigen Jahren)
    (in die Bundesrepublik)
b. Die wirtschaftlichen Interessen der Österreicher sollen stärker berücksichtigt werden.
    (in Zukunft)
    (Abgeordnete im Salzburger Landtag forderten, ...)
c. Die Produktionsbetriebe sollten in die Heimatländer der Gastarbeiter verlegt werden.
    (nach Meinung vieler Politiker)
    (wegen der wachsenden familiären Probleme)
d. Die ausländischen Kinder sind benachteiligt.
    (in der Schule)
    (besonders wegen der fehlenden Sprachkenntnisse)
    (ohne Frage)

3.

Herr Meier schläft immer noch. – Lassen Sie ihn schlafen.
Peter schläft schon seit zwei Stunden. – Laß ihn schlafen.

---

a. Thomas liest gerade.
b. Die Kinder spielen schon wieder im Garten Fußball.
c. Der Hund läuft auf der Straße herum.
d. Der Chef schreit schon den ganzen Vormittag im Haus herum.
e. Meine Frau möchte das Autofahren lernen.

4.

> *Herr Fuchs sagt zu seiner Sekretärin:*
> Teilen Sie Herrn Baumann bitte mit, daß die Besprechung verschoben werden muß.
> *Seine Sekretärin schreibt:*
> Herr Fuchs läßt Ihnen mitteilen, daß die Besprechung verschoben werden muß.

a. Fragen Sie Herrn Neumann, ob er nächste Woche Zeit für eine Besprechung hat.

b. Bitten Sie Herrn Meier, daß er auch den Kundendienst macht.

c. (Rufen Sie bitte meine Frau an und) sagen Sie ihr, daß ich heute abend später nach Hause komme.

d. Machen Sie Herrn Neumann darauf aufmerksam, daß ich seit vier Wochen auf die bestellten Bücher warte.

5.

> Der Polizist verlangte von mir, daß ich ihm die Papiere gebe.
> Der Polizist ließ sich von mir die Papiere geben.

a. Er forderte mich auf, zu erzählen, wie der Unfall passiert war.

b. Herr Bauer bat seine Frau, ihn zum Flughafen zu fahren.

c. Ich bat den Empfangschef, mir Theaterkarten zu besorgen.

d. Ich verlangte von dem Gebrauchtwagenhändler, daß er uns eine Garantie für das Auto gibt.

e. Er bat einen Herrn, ihm den Weg zum Bahnhof zu zeigen.

6.

> Die familiären Probleme der Gastarbeiter können nur schwer gelöst werden.
> Die familiären Probleme der Gastarbeiter sind nur schwer zu lösen.

a. Der Grundstückskauf durch Ausländer kann auf die Dauer nicht verhindert werden.

b. Die Gleichberechtigung der ausländischen Arbeitnehmer kann man nicht nur durch Gesetze erreichen.

c. Fehler in der Stadtplanung können später nur noch schwer korrigiert werden.

d. Das ständige Ansteigen der Inflation kann nur unter großen Schwierigkeiten aufgehalten werden.

7.

> Der Anteil der Ausländer an der Gesamtbevölkerung *wächst* ständig.
> Der ständig *wachsende* Anteil der Ausländer an der Gesamtbevölkerung ist ein ernstes Problem.

a. Seit Herbst dieses Jahres fehlen in der Bauwirtschaft 35 000 Arbeitsplätze.
Wegen der . . . . . Arbeitsplätze mußte der Zuzug ausländischer Arbeitnehmer gebremst werden.

b. Zu Beginn des nächsten Jahres kehren 250 000 ausländische Arbeitnehmer in ihre Heimatländer zurück.
Die . . . . . Arbeitnehmer bekommen einen Teil der Lohnsteuer zurückgezahlt.

c. In der Bundesrepublik leben zweieinhalb Millionen ausländische Arbeitnehmer.
Die meisten der in der Bundesrepublik . . . . . Arbeitnehmer können ihre Familien nachkommen lassen.

d. Meine zwei Kinder stehen noch in der Ausbildung.
Für alle noch in der Ausbildung . . . . . Kinder zahlt der Staat ein sogenanntes Kindergeld.

e. Der Bauingenieur Peter H. stammt aus Hamburg.
Der aus Hamburg . . . . . Bauingenieur Peter H. sucht seit drei Monaten Arbeit.

f. Vor der Universität demonstrierten etwa 500 Studenten.
Die . . . . . Studenten wurden von der Polizei aufgefordert, den Eingang freizugeben.

g. In der Wartehalle warteten etwa 600 Passagiere auf den Abflug.
Den seit Stunden . . . . . Passagieren wurde von der Lufthansa ein kostenloses Mittagessen serviert.

8.

> Man kann die Zahl der Gastarbeiter nicht verringern, weil ganze Wirtschaftszweige auf sie angewiesen sind.
> Man kann die Zahl der Gastarbeiter nicht verringern, denn ganze Wirtschaftszweige sind auf sie angewiesen.

a. Viele halten den Kauf des Rembrandt-Gemäldes für unverantwortlich, weil man mit diesem Geld einen Kindergarten hätte bauen können.

b. Der Antrag richtet sich gegen den zunehmenden Ausverkauf des Baulandes, weil man verhindern will, daß Ausländergettos entstehen.

c. Die Frauenorganisationen hatten demonstriert, weil die Lufthansa es ablehnt, Frauen als Piloten einzustellen.

9.

> Die Kundgebung mußte verschoben werden, weil das Wetter schlecht war.
> Die Kundgebung mußte wegen des schlechten Wetters verschoben werden.

a. Der Verkehr mußte umgeleitet werden, weil ein Unfall passiert war.

b. Der Versuch mußte abgebrochen werden, weil die Kosten zu hoch waren.

c. Man sollte nicht zu viele Zigaretten rauchen, weil die Gefahren für die Gesundheit zu groß sind.

10.

> Der Zuzug weiterer Gastarbeiter muß gebremst werden, weil die Zahl der Arbeitslosen ständig steigt.
> Der Zuzug der Gastarbeiter muß wegen der ständig steigenden Zahl der Arbeitslosen gebremst werden.

a. Es müssen mehr Kindergärten gebaut werden, weil die Zahl der berufstätigen Frauen ständig steigt.

b. Wir mußten die Fenster schließen, weil der Verkehrslärm störte.

c. Die Polizei konnte die Unfallstelle nicht erreichen, weil am Straßenrand (zu) viele Autos parkten.

d. Ich mußte langsam fahren, weil (auf der Straße) Kinder spielten.

11. *Bilden Sie Wörter und setzen Sie sie in die richtigen Sätze ein:*

Wohnungs-
$\left\{ \begin{array}{l} \text{problem} \\ \text{bau} \\ \text{suche} \end{array} \right.$

Gesamt-
$\left\{ \begin{array}{l} \text{zahl} \\ \text{umsatz} \end{array} \right.$

Frei-
Arbeits- $\left. \begin{array}{l} \\ \\ \end{array} \right\}$ zeit
Öffnungs-

a. Durch den starken Zuzug von ausländischen Arbeitnehmern entstanden für die Gemeinden oft große . . . . . .

b. Viele Firmen sind ihren Angestellten bei der . . . . . behilflich.

c. Der . . . . . der Firma betrug im letzten Jahr etwa 1,3 Millionen Mark.

d. In Berlin leben etwa 16 000 Türken; die . . . . . der in der Bundesrepublik lebenden Türken beträgt etwa 500 000.

e. Der . . . . . muß auf die ständig wachsende Bevölkerung eingestellt werden.

f. Die . . . . . der Lebensmittelgeschäfte sind für Berufstätige viel zu kurz.

g. Viele Menschen wissen leider nicht, was sie in ihrer . . . . . anfangen sollen.

h. Im Jahr 2000 soll die . . . . . pro Tag nur noch vier Stunden betragen.

Lektion 14

1. *Lesen Sie diesen Brief:*　　　　　　　München, den 28. Februar

Liebe Susanne, lieber Jochen,

herzlichen Dank für die Einladung zu Eurem Hausball.
Ich wäre wirklich sehr gerne gekommen, vor allem, weil ich in diesem
Fasching noch gar nicht beim Tanzen war und auch nicht gerne auf einen
großen Maskenball gehe. Dort laufen meistens nur irgendwelche langweiligen
Kerle mit blöden Pappnasen im Gesicht herum; mit niemand kann man
sich richtig lustig unterhalten. Da wäre Euer Ball die beste Gelegenheit gewesen,
wieder einmal so richtig Fasching zu feiern. Aber nun hat mich Klaus gestern
abend angerufen und gesagt, er müßte noch übers Wochenende in Zürich
bleiben. Er hat am Montag irgendeine geschäftliche Besprechung, die wahrscheinlich ziemlich überflüssig ist. Jedenfalls hat er mich gebeten zu kommen, weil
wir dann am Samstag und am Sonntag zusammen skifahren könnten. Ich
bin zwar nicht sehr begeistert, aber ich habe bereits zugesagt. Vielleicht können
wir noch ein anderes Mal zusammen feiern - der Fasching dauert ja noch drei-
einhalb Wochen.

　　　　　　Herzliche Grüße und viel Vergnügen,
　　　　　　Eure Trixi

P.S. Gerade fällt mir ein, daß wir am Faschingsdienstag zusammen maskiert
in die Stadt gehen könnten. Das wäre doch eine Idee. Wenn Ihr vielleicht noch
ein paar Bekannte mitnehmen würdet, wäre das sicher ein Riesenspaß.

◁ Jetzt hätt'
ich Sie beinahe
nicht erkannt!

▷

HAUSBALL
Auf Wiederse-
hen und herz-
lichen Dank
für den netten
Abend ...

74

2.

Stellen Sie sich vor, Sie wurden von Freunden, Bekannten oder Geschäfts-
kollegen zu einer Geburtstagsfeier oder zu einer Gartenparty eingeladen.
Leider sind Sie krank oder verhindert. Schreiben Sie nun einen kurzen
Brief, in dem Sie sich für die Einladung bedanken, den Grund angeben,
warum Sie nicht kommen können, und einen Vorschlag machen, wann Sie
sich wieder treffen könnten.

3.

> Wir müssen eine Party geben. – Ich weiß, daß wir eine Party geben müß-
> ten, aber ich habe keine Lust dazu.

a. Wir müssen Kaufmanns einladen. –
Ich weiß, ... , aber ich habe leider keine Zeit.
b. Du mußt deinen Bekannten in England schreiben. –
Ich weiß, ... , aber ich habe leider keine Zeit dafür.
c. Sie müssen den Kundendienst machen lassen. –
Ich weiß, ... , aber ich brauche das Auto tagsüber.
d. Die Industrie muß mehr für den Umweltschutz tun. –
Wir sind der Meinung, ... , aber dazu brauchen wir neue Gesetze.
e. Die Gemeinden müssen mehr Schulen und Krankenhäuser bauen. –
Wir wissen alle, ... , aber sie haben kein Geld dafür.

4.

Lesen Sie folgende Rede und schreiben Sie dann einen Zeitungsbericht:

„Meine Damen und Herren, wir stehen vor einer Reihe von Problemen.
Die Gemeinden müssen den Schul-, Wohnungs- und Krankenhausbau auf
die ständig wachsende Bevölkerung einstellen. Die Regierung muß dafür
unbedingt Mittel zur Verfügung stellen. Die Regierung muß aber auch
strengere Kontrollen für den Grundstücksverkauf an Ausländer durchfüh-
ren. Damit wird der Zuzug von Leuten gebremst, die keine Steuern an die
Gemeinden zahlen. Innerhalb der nächsten Jahre muß auch das Problem
der ausländischen Arbeitnehmer gelöst werden. Wir müssen auch da einer-
seits den Zuzug bremsen, andererseits müssen wir den Ausländern, die hier
leben, bessere Wohnungen zur Verfügung stellen. Die Industrie muß Teile

der Produktion ins Ausland verlegen, denn wir müssen verhindern, daß
Europa auf die Dauer in arme und reiche Länder aufgeteilt wird. ....."

Ihr Bericht lautet: Der Sprecher sagte, die Gemeinden müßten .....

5.

> Warum ist Dieter nicht zu der Party gekommen? –
> Er hat keine Einladung bekommen.
> Dieter wäre gern zu der Party gekommen, wenn er eine Einladung be-
> kommen hätte.

a. Warum seid ihr so spät auf den Faschingsball gekommen? –
Thomas hat seine Pappnase nicht rechtzeitig gefunden.
b. Warum hast du dieses Jahr noch keinen Urlaub genommen? –
Ich hatte so viel Arbeit.
c. Warum hast du deinen Führerschein noch nicht gemacht? –
Ich darf nicht.
d. Warum habt ihr noch nie eine Party gegeben? –
Meine Eltern haben etwas dagegen. (noch nie → schon lange)
e. Warum seid ihr nicht noch zwei Tage in Salzburg geblieben?
Wir haben kein Zimmer bekommen.
f. Warum habe ich keine Einladung zu der Gartenparty bekommen? –
Peter hat nicht gewußt, daß du schon wieder zurück bist.

6.

> Du mußt nur buntes Papier an die Wand hängen.
> Du *brauchst* nur buntes Papier an die Wand *zu* hängen.

a. Wir müssen nur die Wohnung ein bißchen in Ordnung bringen.
b. Ihr müßt nur am Abend die Kinder zu Bett bringen.
c. Du mußt nur ein paar Dosen Gulaschsuppe holen.

7.

> Sie müssen es mir nur mitteilen, wenn ich Ihnen helfen soll.
> Sie *brauchen* es mir nur mitzuteilen, wenn ich Ihnen helfen soll.

a. Sie müssen an dieser Besprechung nicht teilnehmen, wenn Sie nicht wollen.

b. Ich muß nur noch den Kofferraum auspacken, dann bin ich fertig.

c. Sie müssen diese Prüfung nur machen, wenn Sie ein Stipendium beantragen.

d. Sie müssen nur ein wenig darüber nachdenken, dann fällt Ihnen bestimmt etwas zu diesem Thema ein.

8.

> Mein Vater ist dagegen, daß Studenten demonstrieren.
> Wenn es nach meinem Vater ginge, dürften Studenten nicht demonstrieren.

a. Meine Eltern sind dagegen, daß ich tanzen gehe.

b. Mein Mann ist dagegen, daß Frauen im Bundestag sind.

c. Du bist wohl dagegen, daß Frauen einen Beruf ausüben, wenn sie Kinder haben.

d. Ich bin dagegen, daß in der Innenstadt Autos fahren.

e. Wir sind dagegen, daß in der Nähe von Großstädten Flughäfen gebaut werden.

f. Ihr seid (wohl) dafür, daß jeder so schnell fährt, wie er will.

9. *Gibt es in Ihrem Land etwas, das dem Fasching oder Karneval ähnlich ist?*

Wenn ja, beschreiben Sie es und sagen Sie Ihre Meinung dazu!

Polizist mit Humor

(München – Eigener Bericht) **Das passierte einem Autofahrer auf der Leopoldstraße.** Sein Wagen war falsch geparkt. Ein Verkehrspolizist, der gerade vorbeikam, notierte die Nummer und verlangte zwanzig Mark Bußgeld von ihm. Der Autofahrer zahlte, der Polizist bedankte sich höflich und gab ihm eine Quittung.
Darauf sagte der Autofahrer: Was mach' ich jetzt mit dieser Quittung? – Da lächelte der Polizist und meinte: Die bewahren Sie auf, und wenn Sie zehn beisammen haben, bekommen Sie von uns ein Fahrrad.

Lektion 15

1. Ein Gehalt für Hausfrauen?

Einige Politikerinnen der CDU/CSU machten kürzlich den Vorschlag, daß der Staat allen Hausfrauen, die zwei oder mehr Kinder haben, ein monatliches Gehalt von 300 Mark zahlen sollte. Sie sagten, daß Hausfrau ein Beruf wie jeder andere sei, der aber zudem dem ganzen Staat nütze und deshalb auch aus öffentlichen Mitteln finanziell unterstützt werden müsse. Dieses monatliche Gehalt sollte verhindern, daß Mütter ihre Kinder tagsüber in Kindergärten schicken und neben ihrer Arbeit im Haushalt Geld verdienen müßten.

Sprecher der anderen Parteien nahmen dazu Stellung und sagten, daß dieses Projekt gründlich diskutiert werden müßte, wenn darüber ein Gesetz verabschiedet werden sollte. Erstens müßte sich das Hausfrauengehalt nach dem Einkommen des Mannes richten, zweitens wären 300 Mark zu wenig, um den Familien zu helfen, in denen die Frau wegen des geringen Einkommens des Mannes mitverdienen muß, und drittens würde dieses Projekt soviel Geld kosten, daß man die Steuern erhöhen müßte.

2. *Vervollständigen Sie diese Sätze:*

a. Studenten erhalten eine finanzielle Unterstützung.
  (in der Bundesrepublik)
  (etwa die Hälfte aller .....)
  (aus öffentlichen Mitteln)
b. Die meisten Studenten machen ein Examen.
  (erst nach dem 10. Semester)
  (wegen der schlechten Organisation)
c. Fachleute beschäftigen sich damit, die Anforderungen zu überprüfen.
  (seit Jahren)
  (für die einzelnen akademischen Berufe)
d. Ein Student, der ein Stipendium erhält, muß Prüfungen ablegen.
  (jedes Semester)
  (in allen Fächern)

3.

> Sollte man nicht allen Studenten ein Gehalt zahlen? –
> Ja, das wäre besser.
> Es wird immer wieder gefragt, ob es nicht besser wäre, allen Studenten
> ein Gehalt zu zahlen.

a. Sollte man nicht alle Prüfungen abschaffen? –
  Ja, das wäre gerechter.
b. Sollte man nicht endlich aufhören, über die Studienreform nur zu diskutieren? – Ja, das wäre besser.
c. Sollte man nicht den Studenten bereits während des Studiums einen
  festen Arbeitsplatz in der Industrie geben? –
  Das wäre eine wirkliche Verbesserung.
d. Sollte man nicht die Studienzeit verkürzen, statt immer mehr Univer-
  sitäten zu bauen? – Ja, das wäre einfacher.

4.

> Ich kann nicht schneller studieren, weil ich nebenbei arbeiten muß.
> Ich glaube, daß ich schneller studieren könnte, wenn ich nicht nebenbei
> arbeiten müßte.

a. Peter kann seine Prüfungen in diesem Semester nicht ablegen, weil er gebummelt hat.

Ich bin sicher, ...

b. Peter geht nur deshalb zum Studium nach Innsbruck, weil er dort im Winter skifahren kann.

Mein Mann ist der Meinung, ...

c. Man soll nebenbei auf jeden Fall eine Sprache studieren, weil man dann später auch im Ausland arbeiten kann.

Einige Fachleute vertraten die Ansicht, ...

d. Thomas kauft sich wahrscheinlich ein Auto, weil ihm sein Vater etwas mehr Geld gibt.

Monika sagt, ...

e. Studenten brauchen nicht zu arbeiten, weil sie ein Stipendium haben.

Die meisten Leute glauben, ...

f. Wir sind mit den neuen Prüfungsbestimmungen sehr zufrieden, weil wir die einzelnen Fächer früher ablegen dürfen.

Wir können nur immer wieder sagen, ...

5. *Setzen Sie ein:* ob, daß, wenn

a. Viele Steuerzahler sind über den Vorschlag verärgert, ... Studenten ein Gehalt bekommen sollen.

b. Dieser Vorschlag wäre nicht schlecht, ... er zur Verkürzung der Studienzeit beitragen würde.

c. Die meisten Studenten können sich besser ihrem Studium widmen, ... sie nicht nebenbei Geld verdienen müssen.

d. Einige Fachleute glauben, ... es besser wäre, ... man die Studenten schon während des Studiums mit richtigen Forschungsprojekten beschäftigen würde.

e. Ich weiß nicht, ... es nicht eine Ausrede ist, ... die Studenten immer davon sprechen, ... sie Geld verdienen müssen.

f. ..... ein Student Geld erhält, hängt vom Einkommen seines Vaters ab.

6. *Erinnern Sie sich noch an Lektion 7?*

Die Traumberufe der heutigen Jugend sind noch *dieselben, die* unsere Großeltern schon hatten.

Die Demonstration wurde von *denselben* Studenten veranstaltet, *die* letzte Woche das Haus in der Ludwigstraße besetzt hatten.

Lesen Sie jetzt diese Sätze aufmerksam durch:

Die meisten Frauen wollen nicht mehr zu Hause bleiben, auch wenn sie Kinder haben. – Aber nur *diejenigen, die* schon vorher berufstätig waren.
Der Staat sollte den Studenten ein Gehalt zahlen. – Ja, aber nur *denjenigen, die* von zu Hause nicht genug Geld bekommen.
Kann eigentlich jeder Ausländer die deutsche Staatsbürgerschaft bekommen? – Nein, nur *derjenige, der* länger als 10 Jahre hier gelebt hat.

Setzen Sie jetzt die richtige Form ein:

a. Viele Industriefirmen beschäftigen gerne Frauen, die Kinder haben und halbtags arbeiten möchten.
Ja, aber nur ....., ... schon eine Ausbildung haben.
b. Haben eigentlich alle Deutschen etwas gegen Gastarbeiter?
Nein, nur ....., ... noch nie über sie nachgedacht haben.
c. Fordern eigentlich alle Studenten ein Gehalt vom Staat?
Nein, nur ....., ... von ihren Eltern unabhängig sein wollen.
d. Haben eigentlich alle Skispringer Angst vor dem Springen?
Ja, auch ....., ... es nicht zugeben.
e. Kann man mit diesem Programm allen Rauchern das Rauchen abgewöhnen?
Nein, nur ....., ... wirklich aufhören wollen.
f. Wurden alle Prüfungsbestimmungen geändert?
Nein, nur ....., gegen ..... die Studenten am meisten protestiert hatten.
g. Ich würde nicht jeden Studenten unterstützen. Meiner Meinung nach sollte nur ..... Geld bekommen, ... es unbedingt braucht.

7. *Was würden Sie dazu sagen?*

a. Sollte der Staat alle Studenten finanziell unterstützen?
Nein, nur .....
Ja, aber besonders .....
b. Sollte man auf allen Straßen Geschwindigkeitsbegrenzungen einführen?
c. Sollte ein Museum alle alten Gemälde kaufen, die ihm angeboten werden?
d. Hätten Sie vor dem Umzug auch alle Ihre Bücher verkauft?

8. wofür, wogegen, wonach *usw.*

> Die Höhe des Stipendiums richtet sich *nach* dem Einkommen des Vaters.
> (die Höhe des Gehalts)
> Und *wonach* sollte sich die Höhe des Gehalts richten?

a. Die Studenten haben in dieser Woche gegen das neue Hochschulgesetz demonstriert. (letzte Woche)

b. Im letzten Semester habe ich mich nur mit Goethe beschäftigt. (im vorletzten Semester)

c. Herr Berger hat wieder einmal nur vom Urlaub erzählt. (Herr Müller)

d. Im Augenblick lebe ich noch von meinem Stipendium. (wenn Sie kein Stipendium mehr bekommen)

e. Die SPD hat sich für eine Änderung des Ladenschlußgesetzes entschieden. (die CDU)

f. Diese Forschungsgruppe hat die letzten zwei Jahre nur an der Entwicklung eines neuen Elektromotors gearbeitet. (und ..... jetzt)

g. Herr Buschmann berichtet über die Protestversammlung der Gewerkschaften. (Herr Zinn)

h. Die Schäden an der Fassade wurden durch die Luftverschmutzung verursacht. (die Schäden an den Fenstern)

9. *Setzen Sie ein:* die Absage, die Absicht, der Anlaß, die Ansicht, der Antrag, die Auffassung, der Ausschnitt

a. Leider konnte der Rundfunk wegen der Kürze der Zeit von dem Konzert nur einen ..... bringen.

b. Die ..... an die junge Studentin ist ein Versuch, die Gleichberechtigung zu verhindern.

c. Einige Politiker der FDP haben schon lange die ....., eine neue Partei zu gründen.

d. Der Sprecher der Gewerkschaften vertrat die ....., daß die Arbeitszeit verkürzt werden müsse.

e. Die neuen Prüfungsbestimmungen waren wieder einmal der ..... zu heftigen Demonstrationen.

f. In der Diskussion stellte ein Redner den ....., Studentenorganisationen, die verfassungsfeindliche ..... haben, zu verbieten.

Lektion 16

1. Sport und Geld

Sport sollte Freude machen, er sollte eine Freizeitbeschäftigung sein. Der Sport, von dem heutzutage im Fernsehen, in der Zeitung und im Rundfunk berichtet wird, hat damit nichts mehr zu tun. Er ist zu einem Beruf geworden, in dem man hart arbeiten muß und in dem man, vor allem, wenn man Fußballspieler ist, Summen in schwindelerregender Höhe verdienen kann. Der Fußball ist zunehmend zu einem Geschäft geworden, bei dem nicht selten Spitzenspieler von einem Verein an den anderen „verkauft" werden, und zwar zu Beträgen, die manchmal zwischen zwei und drei Millionen Mark liegen. Man fragt sich, was das noch mit Sport zu tun hat. Über einige Fußballspiele und -spieler müßte besser im Wirtschaftsteil als im Sportteil einer Zeitung berichtet werden.

Andererseits verlangen die Zuschauer, die selbst oft gar keinen Sport betreiben, Höchstleistungen, die nur noch von Berufssportlern – oder in einigen Ländern – von staatlich finanzierten „Sportstudenten" erbracht werden können.

Was ist Ihre Meinung zu diesem Problem?

„. . . und hier hätte ich noch einen gut erhaltenen Linksaußen . . ."

2. *Was bedeutet der Satz:*

Nicht selten werden Spitzenspieler von einem Verein an den anderen verkauft.

a. Spitzenspieler werden von ihren Vereinen manchmal verkauft.

b. Spitzenspieler werden von ihren Vereinen nie verkauft.

c. Spitzenspieler werden häufig von einem Verein an den anderen verkauft.

d. Spitzenspieler werden von ihren Vereinen nur ungern verkauft.

Ich bin nicht unbedingt dafür, daß Berufssportler vom Staat finanziell unterstützt werden.

a. Ich halte es für notwendig, daß Berufssportler eine staatliche Unterstützung bekommen.

b. Ich bin der Meinung, daß Berufssportler vom Staat unterstützt werden sollten.

c. Berufssportler sollten meiner Meinung nach auf jeden Fall vom Staat unterstützt werden.

d. Ich sehe ein, daß in manchen Fällen eine staatliche Unterstützung notwendig ist, aber eigentlich bin ich dagegen.

3. Gibt es in diesem Hotel einen Fernseher? –
Ja, in der Empfangshalle steht einer.

a. Bitte, können Sie mir sagen, wo hier ein Zigarettenautomat ist? –
Dort drüben steht ..... .

b. Wer von deinen Klassenkameraden möchte Arzt werden? –
Ich glaube, Thomas will ..... werden.

c. Verzeihung, haben Sie vielleicht einen Stadtplan? –
Ich leider nicht, aber mein Bekannter hat ..... .

d. Können Sie mir bitte sagen, wo hier in der Nähe ein Reisebüro ist? –
Soviel ich weiß, ist gleich neben dem Rathaus ..... .

e. Haben Sie noch eine Karte für den „Sommernachtstraum"? –
Nein, aber vielleicht bekommen Sie an der Abendkasse noch ..... .

4.

Die hier dargestellte Zeitung ist typisch für deutsche Tageszeitungen.
Wodurch unterscheidet sie sich im Aufbau von der Zeitung, die Sie normalerweise lesen?

Heute mit dem Ski-Journal (Seite 18)

Ausgabe M · Preis 60 Pf

Süddeutsche Zeitung

MÜNCHNER NEUESTE NACHRICHTEN AUS POLITIK · KULTUR · WIRTSCHAFT · SPORT

31. Jahrgang   München, Freitag, 7. Februar 1975   B 7979 A   Nummer 31/6.W.

Das Streiflicht

(SZ) Das Leben besteht, unter anderem, aus einer langen Reihe von guten Vorsätzen, die böse enden. Die klassische Kinderausrede „Aber ich ...

Zur Belebung der Konjunktur

Bundesbank senkt erneut die Zinsen

SIE LESEN HEUTE

Leitartikel und Kommentare auf Seite 4
Heute: USA rüsten für die Entspannung
Von Herbert von Borch, Washington

Jeder Partei seinen Statthalter
Umstrittene Beiten-Konstruktion für die ...

Seite 2   Süddeutsche Zeitung Nr. 113   * * *   Dienstag, 20. Mai 1975

Die USA demonstrieren Entschlossenheit

Schlesinger: Politik der Stärke bei Aggression in Korea und bei neuem Ölembargo

Washington (dpa)
Die amerikanische Regierung hat nach den Rückschlägen in Indochina eine Politik der Stärke bei einer Aggression in Nordostasien und bei einem neuen arabischen Ölembargo angekündigt sowie gleichzeitig die Nation zu einer Erneuerung der nationalen Ziele aufgefordert. Nach den Worten von Verteidigungsminister James Schlesinger werden die USA eine nordkoreanische Aggression gegen Südkorea energi...

politische und denkbare militärische Maßnahmen als Antwort gibt".

In einer Rede vor Absolventen der Universität von Philadelphia wies Präsident Ford darauf hin, daß die USA in der jüngsten Vergangenheit durch „einige rauhe Zeiten" im In- und Ausland gegangen seien. Unter Anspielung darauf, daß der amerikanische Unabhängigkeitserklärung vor 200 Jahren in Philadelphia verfaßt wurde...

DDR stößt sich an Vertreterin Berlins bei Gesundheitskonferenz

Genf (dpa)
Auf die in Genf tagenden Jahresversammlung der Weltgesundheitsorganisation der Vereinten Nationen (WHO) erkennt die DDR die Vollmacht der Direktorin der Westberliner Gesundheitsbehörde, Ruth Mattheis, nicht an, weil diese als Teilnehmerin als Mitglied der Delegation der Bundesrepublik nur mit dem Zusatzvermerk „Berlin" aufgeführt ist. Wie der stellvertretende Leiter der Bonner Delegation, Baron Otto von Stempel, dazu sagte, handelt sich hier um Mumpitz und der Angelegenheit. In einem Schrei...

(Fortsetzung von Seite I)

Begegnung Kissinger–Gromyko

hatte. Das Debakel der amerikanischen Staatsmacht...

Dienstag, 20. Mai 1975 / Nr. 113

Seite 4   Kommentare   **Süddeutsche Zeitung**   Meinungen   * *

Hilflos steht England vor der Krise

VON THILO BODE, LONDON

Es gehört schon die ganze britische Kühle dazu, den niederschmetternden Katalog der Schwierigkeiten des Landes immer noch relativ gelassen hinzunehmen, so groß auch die tiefe innere Unruhe und die sagende Furcht, dienmal siehe das Land wirklich am Rande einer Katastrophe, sein mögen...

Die Krise ist deshalb so gefährlich, weil die entscheidenden drei Gruppen — die Sozialisten auf dem linken, die Sozialdemokraten auf dem rechten Flügel der Labour-Party, und die oppositionellen Konservativen — wissen, daß ihre Vorstellungen entweder gar nicht oder nur unter großen Schwierigkeiten und ihre Rosen verwirklichen lassen...

Blick in die Presse

Ein Jahr Bundeskanzler Helmut Schmidt

Mit dem ersten Amtsjahr von Bundeskanzler Helmut Schmidt befaßt sich der Bonner Generalanzeiger:

Dienstag, 20. Mai 1975   Die Wirtschaft   Süddeutsche Zeitung Nr. 113   Seite 9

DAS THEMA DES TAGES

Wem Sozialmieter flüchten

(SZ) Die in Bonn bekanntgewordenen Vorschläge für eine Reform des Wohnungsbauförderungssystems haben einen entscheidenden Schönheitsfehler: sie kosten Geld, und zwar so unendlich viel, daß an ihre Verwirklichung zunächst nicht zu denken ist. Dennoch wäre es falsch, das Denken über den Experten als überflüssig oder gar gefährlich zu bezeichnen, weil es die derzeitige Situation der öffentlichen Haushalte nicht berücksichtigt...

Experten befürworten neue Wohnungsbauförderung

Ein Wohngeld II soll das Problem steigender Sozialmieten lösen / 2 Milliarden DM Aufwand

Per Bonn (Eigener Bericht) — Ein neues Bundesbauministerium Ravens berufener Arbeitskreis hat in einem Gutachten vorgeschlagen, aus der bisherigen staatlichen Förderungspraxis im Wohnungsbau abzugehen und künftig die individuelle Subjektförderung durch Einführung eines Wohngeldes zu erweitern...

Währungs- und Steuerprobleme

Hoffnungen auf dem Markt

München (SZ) — Trotz der um etwa Tag verkürzten Arbeitswoche steht bei deutschen und internationalen Gremien ein umfangreiches Programm an...

MÜNCHEN

Wer kauft meine Memoiren?

„Warum hast du keine Schauspielerin?" fragt Eduard mit mildem Vorwurf in der Stimme. „Sollte ich eine sein?" entgegne ich verwundert. „Es könnte nichts schaden", meint er verstimmt...

Dorfschönheit neben der Retortenstadt

Stadtgestaltungskommission für Erhaltung historischer Ortskerne / Das Beispiel Altperlach

Von unserem Redaktionsmitglied Otto Fischer

Im Zeichen der Nostalgie haben die Münchner Millionendörfer aus weidier die Herz für die alte Dorfkerne am Stadtrand entdeckt, von denen es innerhalb des Burgfriedens mehr oder weniger gut erhaltene immer noch rund 40 gibt...

Freitag, 7. Februar 1975   Süddeutsche Zeitung Nr. 31   *   Seite 11

Fernsehen und Hörfunk

Nr. 113   Süddeutsche Zeitung   Seite 14   *   **Dienstag, 20. Mai**

Irgendwo in Berlin

Deutscher Spielfilm von 1946

Irgendwo in Berlin 1946 spielen in den Trümmern nicht weit Häuser Kinder. Und was spielen sie? Krieg. Birke (Paul Bildt), ein Schieber und Schwarzmarkthändler...

19.30

Deutsches Fernsehen

16.15 Tagesschau
16.20 Hildentuf, Schlager und Schlagerleben von 1927 bis 1959...

Zweites Deutsches Fernsehen

Dienstag, 20. Mai 1975 — FEUILLETON — Süddeutsche Zeitung Nr. 113 Seite 15

Von Filmen und Helden, die sich teuer verkaufen

Orson-Welles-Tag und „Lotte in Weimar" — Werner Herzog und R. W. Fassbinder in Cannes

Ein Museum dankt

Bikerkopfs Pleite

Freitag, 7. Februar 1975 — Die Wirtschaft — Süddeutsche Zeitung Nr. 19 Seite 19

DAS THEMA DES TAGES
Kfz-Steuerreform auf Eis

Ein neuer Impuls durch Senkung des Diskonts

Banken und Industrie begrüßen die Entscheidung des Zentralbankrats

Rohrstahlproduktion geht zurück

Seite 22 Süddeutsche Zeitung Nr. 113 — Berichte aus Bayern — Dienstag, 20. Mai 1975

Affentaler — keine Bocksbeutel
Karlsruher Gericht entscheidet gegen Klage von Frankenwein-Vereinigung

Pfingstsonne lockte Bayern ins Grüne

Starker Ausflugsverkehr in allen Landesstellen / Erste Badelustige an den Seen / Überfüllte Lokale

---

Seite 28 Süddeutsche Zeitung Nr. 31 — *Briefe an die Süddeutsche Zeitung* — Freitag, 7. Februar 1975

Klassenbewußtsein der Lehrer

Prüfung von Arzneimitteln

Klasse	72/73	73/74	72/73	73/74
Klasse 1	37.7	38.4	36.7	37.7
2	34.3	35.0	36.1	36.3
3	36.5	36.0	34.4	34.6
4	35.9	35.1	31.4	31.0
5	31.5	33.0	29.4	29.5
1/9 Jahre	35.3	36.4	35.7	30.5

Freitag, 30. Mai 1975 — Süddeutsche Zeitung Nr. 121 — Seite 35

Wohnungen · Zimmer · Gewerbliche Räume

Seite 32 Süddeutsche Zeitung Nr. 113 — Sport von den Feiertagen — Dienstag, 20. Mai 1975

Eine bescheidene Jubiläums-Vorstellung

Süddeutsche Fußball-Auswahl beim 1:1 gegen Holland schwach / Mißverständnis im Mittelfeld

Von unserem Redaktionsmitglied Hans Eiberle

5.

> Verzeihung, sind das Ihre Zigaretten? – Ja, das sind meine.

a. War Ihr Sprung nicht weiter als der von Herrn Wolf? –
Doch, aber . . . . . war leider ungültig.

b. Wie schnell fährt Ihr Auto? – 180! – Donnerwetter, ... fährt nur
noch 120.

c. Unser Auto ist noch ganz neu. – Tatsächlich, ... ist schon 9 Jahre
alt, aber wir sind noch sehr zufrieden.

d. Du hast eine herrliche Wohnung! – Ja, aber . . . . . ist doch auch sehr
schön.

e. Herr Braun, ist das Ihr Koffer? – Nein, ... ist bereits auf dem Zimmer.

f. Habt ihr unsere Karte bekommen? – Ja, ... ist bereits angekommen,
aber eine Karte von Bekannten, die sie vor drei Wochen geschrieben
haben, ist immer noch nicht da.

6. *(Zur Wiederholung) Setzen Sie die richtige Form ein:*

a. erfolgreich
Wer war eigentlich Beckenbauer? – Ich glaube, das war mal ein ziemlich
 . . . . . Fußballspieler.

b. gefährlich
Was, Ihr Sohn darf Skifliegen? So ein . . . . . Hobby würde ich meinem
Sohn nicht erlauben.

c. neu
Was gibt es denn . . . . . in der Zeitung?

d. einzeln, akademisch
Fachleute beschäftigen sich damit, die Anforderungen für die . . . . .
 . . . . . Berufe zu überprüfen.

e. unnütz
Während unseres Studiums mußten wir ziemlich viel . . . . . Zeug lernen.

f. kompliziert
Die Verwaltung dieses . . . . . Systems würde jedes Jahr mindestens vier
Millionen Mark kosten.

g. ernst

Das ständige Anwachsen der Weltbevölkerung ist ein . . . . . Problem.

h. besonders, einmalig

Ein Gemälde von Rembrandt ist etwas . . . . . , etwas . . . . . .

i. ausländisch

Haben Sie einen Vorschlag, wie man die Schulprobleme . . . . . Kinder erleichtern könnte?

(Wie könnte man die Schulprobleme der . . . . . Kinder erleichtern?

7. *Bilden Sie die entsprechenden zusammengesetzten Wörter:*

Die *Preise* für *Benzin* sollen erhöht werden.
Die *Benzinpreise* sollen erhöht werden.

a. Heute wurde in der Nähe unserer Firma eine *Bank überfallen.* – Ich weiß, die Zeitungen haben bereits von diesem . . . . . berichtet.

b. Die *Fluglotsen* werden voraussichtlich noch bis Montag *streiken.* Der . . . . . dauert bereits drei Wochen.

c. Die Deutschen müssen in Zukunft für *Häuser,* die sie nur am *Wochenende* benutzen, höhere Steuern zahlen.

In Zukunft werden sich weniger Deutsche . . . . . leisten können.

d. Seit heute morgen *verkehren* keine *Flug*zeuge mehr zwischen Hamburg und Frankfurt. Der . . . . . (!) wurde auf dieser Strecke eingestellt.

e. Das Essen in diesem *Restaurant* dauert gar nicht lange. Man ist *schnell* wieder fertig.

Wenn man es eilig hat, geht man am besten in ein . . . . . .

8. die Arbeit – der Platz – der Arbeitsplatz

die Arbeit	-s-	die Zeit
der Einkauf	-s-	das Zentrum
das Geschäft	-s-	die Reise
die Meinung	-s-	die Umfrage
die Wirtschaft	-s-	der Teil
die Ausbildung	-s-	die Kosten
der Verkehr	-s-	das Mittel
die Leistung	-s-	die Fähigkeit

Setzen Sie die Wörter richtig zusammen und setzen Sie diese ein:

a. Wenn ich nicht so oft umsteigen müßte, würde ich auch lieber mit öffentlichen ..... ins Büro fahren.

b. Der Elektromotor, der für das Personenauto entwickelt wurde, hat die ..... des Benzinmotors noch nicht erreicht.

c. Die Eltern sind verpflichtet, wenigstens einen Teil der ..... ihrer Kinder zu bezahlen.

d. Ich mußte meine .... leider verschieben, weil ich krank wurde.

e. Der Arbeitnehmer muß das Recht haben, während seiner ..... zum Arzt zu gehen.

f. Die meisten Zeitungsleser interessieren sich mehr für den Polizeibericht als für den ..... .

g. Die meisten Leute glauben, daß die Waren in einem ..... billiger sind.

9. Die Verwandlung des Zuschauers

Das Wort „Verwandlung" kennen Sie noch nicht. Sehen Sie aber nicht im Lexikon nach, sondern lesen Sie folgende Sätze:
Der freundliche Herr verwandelt sich als Zuschauer auf dem Fußballplatz in ein gefährliches Tier. – Im Märchen kann sich ein Elefant in eine Maus verwandeln.

Wortmaterial zu:

1 ein freundlicher Herr in
   mittlerem Alter
   die Eintrittskarte vor-
      zeigen
   der Regenschirm, -e
   der Kontrolleur, -e
2 der Zuschauer, –
   aufmerksam das Spiel ver-
      folgen
   mitten unter den anderen
      Zuschauern stehen
3 ärgerlich werden
   böse werden
   rufen
   schreien

4 zornig werden
   die Faust, Fäuste
   eine Faust machen
   drohen
   die Krawatte, -n
   herunterhängen
   der Hemdkragen, -kragen
5 brüllen
   mit den Armen wild um sich
      schlagen
   böse dreinschauen
   sich fürchten
   Angst bekommen
6 das Raubtier, -tiere
   die Kralle, -n
   sich völlig verwandeln
   menschenähnlich
7 das Spielende
   völlig erschöpft
   der Schweißtropfen, –
   als ob nichts gewesen wäre

*(Vergleichen Sie diese Zeichnungen auch mit dem Foto auf S. 101 im
Hauptbuch.)*

Lektion 17

1.

Zum nächstmöglichen Termin suchen wir erfahrene, in Steno und Maschine absolut perfekte

Chefsekretärin

Der Sitz unseres Unternehmens ist München–Paris. Unsere neue Mitarbeiterin wird also in Deutschland, Frankreich und in den Benelux-Ländern tätig sein.

Sie soll sicher auftreten und als angenehme Gesprächspartnerin mit gutem Aussehen dem Image unseres Hauses förderlich sein.

Bei ernsthaftem Interesse melden Sie sich bitte schnellstens, damit bereits ab Dienstag, 8. Oktober, in München ein Vorstellungstermin arrangiert werden kann. Ihre Eilzuschrift richten Sie bitte an Anzeigen-Krause, Kennwort „München–Paris".

Wir sind fünf. Und werben. Zum Beispiel um Sie:

EIN JUNGES MÄDCHEN

für die Schreibmaschine. Für den Stenoblock. Fürs Telefon. Für die Arbeit mit Fotografen, Druckern, Grafikern, Kunden. Unser Büro liegt in Schwabing. Und wir sind zu ertragen.

Wenn Sie wollen: ab 15. Oktober. Rufen Sie uns an. Telefon 3781461.

Mit unseren Wissenschaftlern ist's interessant und angenehm zu arbeiten. Sie können zu diesem Team gehören als

Nachwuchs-Sekretärin

in unserem Münchner Forschungsbereich

Für dieses Aufgabengebiet suchen wir 2 jüngere Damen – eine davon für eine Halbtagsbeschäftigung –, die gute Englischkenntnisse mitbringen und die es sich zutrauen, nach einer Einarbeitungszeit alle anfallenden Schreib- und Büroarbeiten weitgehend selbständig zu erledigen.

Lassen Sie sich von uns ausführlich informieren. Schreiben Sie bitte unter A 608811 an die SZ.

a. *Lesen Sie die Stellenangebote und die Stellengesuche (= Anzeigen, in denen jemand eine Stelle sucht) und entscheiden Sie, welches am besten zu welchem Angebot passen würde.*

b. *Es gibt verschiedene Möglichkeiten, auf ein Stellenangebot zu antworten. Lesen Sie die Angebote noch einmal genau durch und notieren Sie, was bei den einzelnen Anzeigen zu tun ist.*

1. Sie schreiben an die Zeitung. (Dabei müssen Sie die Nummer der Anzeige angeben.)
2. Sie schreiben direkt an die Firma, die die Anzeige aufgegeben hat.
3. Es ist eine Telefonnummer (und eine bestimmte Person) angegeben, die Sie anrufen können.

2. *Was bedeutet der Satz:*

Fremdsprachenkenntnisse sind auch für uns ein Vorteil.

a. Fremdsprachenkenntnisse sind unbedingt erforderlich.

b. Sie müssen fließend Englisch und Französisch sprechen, sonst ist Ihre Bewerbung zwecklos.

c. Fremdsprachenkenntnisse wären erwünscht, sind aber nicht unbedingt Voraussetzung für eine Bewerbung.

Bitte rufen Sie uns an und vereinbaren Sie Ihre persönliche Vorstellung.

a. Teilen Sie uns telefonisch mit, was für eine Berufserfahrung Sie haben und wieviel Gehalt Sie gerne möchten.

b. Rufen Sie an und machen Sie einen Termin aus, an dem Sie zu uns kommen und sich vorstellen können.

c. Teilen Sie uns mit, welche Vorstellung Sie sich von Ihrer neuen Stelle machen.

3.

Das Laufenlassen des Motors vor Bahnübergängen ist *unnötig*.
Unnötiges Laufenlassen des Motors wird mit Bußgeldern geahndet.

---

a. Wir erwarten, daß Sie sich schnell einarbeiten.

..... Einarbeitung ist erforderlich.

b. Die meisten Unfälle auf den Autobahnen passieren, weil zu schnell gefahren wird.

Die meisten Unfälle werden durch zu ..... Fahren verursacht.

c. Es ist der reine Blödsinn, die Autoproduktion ständig zu steigern.

Die Autoproduktion ständig zu steigern, ist ..... Blödsinn.

d. Ich kann dieses lange Warten nicht ertragen.

..... Warten macht mich ganz verrückt.

e. Da der Chef häufig verreist ist, muß Fräulein Heim sehr selbständig arbeiten. ..... Arbeiten bedeutet, daß Fräulein Heim auch die gesamte Korrespondenz ihres Chefs erledigen muß.

f. Die junge, zuverlässige Sekretärin, die wir suchen, hat sich leider nicht gemeldet. Geben Sie nochmal eine Anzeige auf:

....., ... Sekretärin gesucht.

g. Das junge Mädchen, das wir suchen, sollte kinderlieb sein.

....., ... Mädchen gesucht.

4. *Setzen Sie ein:* welcher, welche, welches

a. Hast du die beiden Anzeigen gelesen? ..... Anzeige findest du besser?

b. Wir suchen einen Leiter für unsere Exportabteilung. ..... gelernte Kaufmann möchte ab 1. September bei uns anfangen?

c. Können Sie mir sagen, ... Zeitung den größten Anzeigenteil hat?

d. Babysitter gesucht. ..... Mädchen möchte mit uns in Urlaub fahren und sich um unsere Kinder, 2, 5 und 7, kümmern?

e. ..... Sportart interessiert Sie mehr – Fußball oder Tennis?

f. Heute hatten wir eine lange Sitzung. – So, ... Thema wurde denn besprochen?

g. ..... Brief muß zuerst erledigt werden?

5.

Was für eine Ausbildung haben Sie?
Welche Ausbildung haben Sie?

---

a. Was für eine Schule haben Sie besucht?

b. Was für einen Beruf hatte eigentlich dein Vater?

c. Was für eine Maßnahme halten Sie in diesem Fall für richtig?

d. Was für Ergebnisse hat diese Untersuchung gebracht?

e. Was für Filme haben Sie in der letzten Zeit gesehen?

f. Was für eine Meinung vertritt denn dein Bruder?

g. Was für einen Wagen fahren Sie?

h. Ich weiß nicht, was für ein Kleid ich anziehen soll.

6. *Setzen Sie ein:* aus, in, mit, nach, von

a. Meine Frau arbeitet ..... großer Begeisterung in ihrem neuen Beruf.

b. Ich weiß ..... eigener Erfahrung, wie wichtig bei solchen Problemen ein persönliches Gespräch ist.

c. Unsere Wohnung liegt sehr günstig. Wir haben ..... der Nähe mehrere Lebensmittelgeschäfte, eine Bank und ein Postamt.

d. Als bekannt wurde, daß die staatlichen Eisenbahnen streiken wollen, verließen viele Urlauber ..... größter Eile das Land.

e. Wir fanden zu Hause alles ..... bester Ordnung.

f. Der Redner wurde ..... großem Beifall begrüßt.

g. Vom Max-Planck-Institut wurde ..... wissenschaftlichen Gesichtspunkten ein Programm entwickelt, mit dem man sich das Rauchen abgewöhnen kann.

h. Die Verabschiedung dieser Umweltschutzgesetze ist ..... großer Bedeutung für die Zukunft unseres Landes.

7. *Setzen Sie die folgenden Ausdrücke jeweils in die richtigen Sätze ein:*

1. aus eigener Erfahrung **2.** bei gutem Wetter **3.** bei kurzfristigen Absagen **4.** in nächster Nähe **5.** in bester Ordnung **6.** mit letzter Kraft **7.** mit wachsender Begeisterung **8.** nach letzten Meldungen **9.** nach langem Hin und Her **10.** nach langer Zeit **11.** von großer Bedeutung

a. Über dieses Problem kann ich . . . . . sprechen, weil ich schon an ähnlichen Projekten mitgearbeitet habe.

b. Dieser Garten wäre sehr schön, wenn nicht . . . . . eine Abfallgrube wäre.

c. Die Landschaft in Oberitalien hat uns sehr gut gefallen, aber . . . . . wäre sie noch schöner gewesen.

d. Als noch Herr Schmidt Chef der Exportabteilung war, war sie . . . .

e. Die Überlebenden des Flugzeugabsturzes erreichten . . . . . ein kleines Dorf am Rande der Taiga.

f. Das Reisebüro schreibt in seinem Prospekt, daß . . . . . 20% des Reisepreises bezahlt werden müssen.

g. . . . . . aus Bonn rechnet die Regierung mit zunehmenden Problemen innerhalb der EG.

h. Drei Freunde von mir gründeten vor einem halben Jahr eine Beatgruppe und spielen seitdem . . . .

i. Gestern abend waren wir . . . . . zum ersten Mal wieder im Kino.

j. Die Studienreform ist für die Zukunft der Universität . . . .

k. Auf der letzten Gewerkschaftsversammlung wurde . . . . . beschlossen, nicht zu streiken.

8. Ein Telefongespräch mit dem Personalchef

Setzen Sie ein: würde, könnte, hätte, wäre

A. Ich habe Ihre Anzeige in der Zeitung gelesen und . . . . . mich gerne bei Ihnen vorstellen.

B. Ja, gerne. Wann . . . . . Sie denn Zeit?

A. Vormittags bin ich bis 11 Uhr in der Sprachenschule, aber anschließend . . . . . ich zu Ihnen kommen.

B. Dann . . . . . es das beste, wenn Sie gleich nach dem Mittagessen kommen . . . . Dann . . . . . wir genügend Zeit, uns über die Stelle zu unterhalten. Vorher . . . . . ich noch eine Frage: Wann . . . . . Sie bei uns anfangen?

A. Sofort, das heißt am nächsten Ersten.

B. Schön, es . . . . . mir lieb, wenn Sie gleich Ihre Zeugnisse mitbringen . . . . . .

A. Ja, selbstverständlich.

9. In einem Kaufhaus steht am Eingang ein Schild:

1. Stock	Wäsche, Pullover, Kinderbekleidung, Spielsachen, Sportartikel
2. Stock	Herren- und Damenbekleidung
3. Stock	Haushaltwaren, Lampen, Elektrogeräte
4. Stock	Möbel und sonstige Einrichtungsgegenstände, Restaurant

Der Mann, der den Lift bedient, sagt bei jedem Stockwerk, was es da zu kaufen gibt.

Wie sagt er das genau? – Lesen Sie seine Ansage laut!

Lektion 18

1. *Füllen Sie dieses Formular aus, mit dem eine größere Firma Mitarbeiter (für den Außendienst) sucht:*

Bewerbung als: Außendienst-Mitarbeiter (bitte Foto beifügen).

Name   _____

Adresse   _____ Nr. _____

Telefon   _____

Alter   _____Jahre, led.[1] / verh.[2] / gesch.[3] / _____Kinder

Schulbildung   _____Jahre Volksschule

               _____Jahre Realschule / Oberschule / Gymnasium

Hier bitte
Ihr Foto
aufkleben

               _____Jahre Handelsschule / Berufsschule

               _____Jahre

               Schulabschluß (als) _____

Berufsausbildung   _____Jahre Lehre als _____

               _____Jahre

Berufspraxis   _____Jahre in folgenden Positionen

insgesamt   _____

              davon:

              _____Jahre als _____

              _____in Fa. _____

Hier nur die letzten 3 Firmen eintragen, bei denen Sie beschäftigt waren bzw. sind.

              _____Jahre als _____

              _____in Fa. _____

              _____Jahre als _____

              _____in Fa. _____

Möglicher Eintrittstermin _____

Und hier einige wichtige Abkürzungen:

led.   ledig (= nicht verheiratet)
verh.   verheiratet
gesch.   geschieden
bzw.   beziehungsweise (*vergleichen Sie:* Glossar Lektion 21)
Fa.   Firma

Erklären Sie das Wort „Eintrittstermin":

Eintrittstermin ist der Termin, ...

2. *Was gehört zu einem vollständigen Lebenslauf?*

  1. der Familienname und der oder die Vornamen
  2. der Geburtstag, das Geburtsjahr
  3. der Geburtsort
  4. der Vorname und der Familienname des Vaters
  5. der Beruf des Vaters
  6. der Vorname und der Mädchenname der Mutter
  7. der Beruf der Mutter
  8. die Zahl der Geschwister (= der Brüder und Schwestern)
  9. das Jahr, in dem man in die Schule kam
10. die Art der Schulen und die Dauer des Schulbesuchs
11. das Jahr des Schulabschlusses
12. besondere Fähigkeiten und Kenntnisse (Hobbys)

3. Gisela Schüler hat einen Lebenslauf in Kurzform geschrieben.

Sie erinnern sich:
1952   Geboren am 20. Mai in Wolfsburg. Vater Helmut Schüler,
            Kraftfahrzeugmeister, Mutter Maria, geb. Nettelbeck, Schnei-
            derin

Sie hätte aber auch ausführlicher schreiben können, etwa so:
Ich wurde am 20. Mai 1952 in Wolfsburg geboren. Mein Vater heißt Helmut Schüler und ist von Beruf Kraftfahrzeugmeister. Meine Mutter heißt mit Vornamen Maria; sie ist eine geborene Nettelbeck. Von Beruf ist sie Schneiderin.

Schreiben Sie weiter:

1958–1962	Besuch der Grundschule in Wolfsburg
1962	Umzug nach Bremen
1963–1968	Besuch der Wilhelm-Raabe-Realschule in Braunschweig mit dem Abschluß der Mittleren Reife (abschließen)
1969–1972	Kaufmännische Lehre bei der Braunschweiger Maschinenfabrik AG, und Berufsschule
1972	Abschluß mit der Kaufmännischen Gehilfenprüfung

4.

> Ich möchte umziehen.
> Ich habe die Absicht, umzuziehen.

a. Die Bevölkerung soll mehr sparen.
Die Regierung rief die Bevölkerung auf . . . . .
b. Die Lufthansa will keine Frauen als Piloten einstellen.
Die Lufthansa hat es abgelehnt, ...
c. Wir konnten monatelang keine (!) Wohnung finden.
Wir versuchten monatelang . . . . .
d. Der junge Springer aus der DDR konnte diesmal einen Rekord aufstellen.
Dem jungen Springer aus der DDR gelang es, ...

„Das nennst du Überstunden!!!"

„Die Vorteile des persönlichen Diktats sind nicht zu übersehen . . ."

e. Zuerst wollte er gar nicht springen.
Er hatte gewaltige Angst . . . . .

f. Die Demonstranten wollten das Gebäude besetzen.
Die Demonstranten machten den Versuch, ...

g. Man sollte auf der Autobahn nicht schneller als 130 km/h fahren.
Es ist auch auf der Autobahn gefährlich, ...

h. Viele junge Leute wollen nicht ins Ausland gehen, auch wenn sie die Möglichkeit dazu haben.
Vielen jungen Leuten erscheint es nicht erstrebenswert, ...

5.

> Bei der Studienreform *muß man berücksichtigen,* daß viele Studenten während des Studiums arbeiten müssen.
> Bei der Studienreform *ist zu berücksichtigen,* daß viele Studenten während des Studiums arbeiten müssen.

a. Bei dieser Aufgabe müssen die Fragen schriftlich beantwortet werden.

b. In diesem Zusammenhang muß man erwähnen, daß nicht alle Fragen in der gleichen Weise gelöst werden können.

c. Die Kraftfahrzeugsteuer muß man jeweils im voraus bezahlen.

d. Die Bewerbungen müssen bis zum 15. 3. an den Personalchef gerichtet werden.

e. Vor der Abfahrt müssen die Türen geschlossen werden.

6.

> Zu der Untersuchung müssen Sie ein ärztliches Zeugnis *mitbringen.*
> Zu der Untersuchung ist ein ärztliches Zeugnis *mitzubringen.*

a. Die Bücher, die Sie zur Ansicht erhalten haben, müssen innerhalb von 4 Wochen zurückgeschickt werden.

b. Die Prüfungen müssen von den einzelnen Lehrern genauestens vorbereitet werden.

c. Der Rede des Gewerkschaftsvertreters konnte man nichts hinzufügen.

d. Einige Abgeordnete stellten einen Antrag, wonach der Grundstücksverkauf an Ausländer eingeschränkt werden muß.

7.

> Diesen Wagen kann man leider nicht mehr reparieren.
> Dieser Wagen ist leider nicht mehr zu reparieren.

a. Diese Frage kann man nicht so einfach beantworten.
b. Die Privaträume des Schlosses kann man nicht besichtigen.
c. Den Beifall und die Zwischenrufe konnte man durch die geschlossenen Türen hören.
d. Den Sprecher der Opposition konnte man wegen der Zwischenrufe kaum verstehen.
e. Das Arbeitsgebiet einer Sekretärin kann man nicht mit dem einer Stenotypistin vergleichen.
f. Den Grundstücksverkauf an Ausländer konnte man auch durch strengere Kontrollen nicht verhindern.
g. Die sozialen Probleme der Gastarbeiter können durch gesetzliche Maßnahmen allein nicht geändert werden.

8.

> die Besprechung
> Während der Besprechung läutete dreimal das Telefon.

a. die Besichtigung
Während . . . . . des Schlosses wurden plötzlich unsere Taschen kontrolliert.
b. das Kaffeetrinken
Während . . . . . fiel mir plötzlich ein, daß ich kein Geld bei mir hatte.
c. das Studium
Die meisten Studenten müssen während . . . . . nebenbei Geld verdienen.
d. die ganze Reise
Mein Nachbar erzählte während . . . . . von nichts anderem als von seiner Arbeit.
e. die erste Hälfte
Während . . . . . des Vortrags wurde der Redner ständig durch Zwischenrufe unterbrochen.

9.

> Während wir *Kaffee tranken,* las mein Mann Zeitung.
> Während des *Kaffeetrinkens* las mein Mann Zeitung.

a. Noch während wir auf der Autobahn *fuhren,* hatte ich ein eigenartiges Geräusch gehört.

b. Während wir nach Braunschweig *umzogen,* wurde meine Frau krank.

c. Während (das Flugzeug) *landete,* ging plötzlich im Passagierraum das Licht aus.

d. Während noch *diskutiert* wurde, verließen mehrere Politiker der Opposition den Saal.
  Noch . . . . .

e. Während Sie sich *einarbeiten,* helfen Ihnen Ihre Kollegen sicher gerne.

10. *Setzen Sie ein:* während, seit, bis

a. . . . . . unseres Umzugs nach Braunschweig lief unser Hund davon.

b. . . . . . unserem Umzug nach Düsseldorf ist meine Frau ständig krank.

c. . . . . . zu unserem Umzug nach Berlin hatte mein Vater als Taxifahrer gearbeitet.

d. . . . . . ich auf der Sprachenschule war, kann ich auch französische Geschäftsbriefe schreiben.

e. Wir mußten ziemlich hart arbeiten, ... wir uns ein Auto kaufen konnten.

f. Herr Reichel muß die Kinder alleine versorgen, ... seine Frau in die Politik gegangen ist.

1.

Dictaquick — das Taschendiktiergerät für den Chef

Ideen haben keinen 8-Stunden-Tag. Wer viel unterwegs ist, ob im Flugzeug, im Auto oder in der Bahn, kann seine Beobachtungen sofort festhalten – der Architekt, der an Ort und Stelle mit dem Bauherrn neue Ideen entwickelt; der Arzt nach Beendigung der Untersuchung; der Polizei-Wachtmeister, der sich an der Unfallstelle langwierige Schreibereien erspart; der Schadensinspektor, dessen Beobachtungen für seine Firma Tausende von Mark wert sind; der Mann vom Außendienst, der bereits am nächsten Tag seinem Chef Verhandlungsergebnisse vorlegen kann – schriftlich, indem er die besprochene Cassette einfach an seine Sekretärin schickt . . .

An dem Spezialgerät für die Wiedergabe von Minicassetten findet die Sekretärin mühelos alle erforderlichen Einrichtungen wie Vor- und Rücklauf, Geschwindigkeitsregulierung sowie Schnell-Löschtaste. Das schicke Aussehen und die Handlichkeit dieses Gerätes werden von jeder Sekretärin geschätzt.

Lesen Sie dazu diesen Leserbrief:

Bei Dictaquick handelt es sich offenbar um ein Gerät, das nur an Männer verkauft werden soll. Siehe Anzeigentext: „Der Architekt. Der Arzt. Der

Polizei-Wachtmeister. Der Schadensinspektor. Und der Mann vom Außendienst..." Männer, die sich freuen, wenn eine über Nacht geborene Idee den Morgen überlebt ... Der Korrespondent. Der Sachbearbeiter. Der Chef. Und der Chef vom Chef. Und jener Chef, der sein eigener Chef ist. Alles Männer, die ihre innere Stimme zu Wort kommen lassen. Männer, die den Gedanken Worte und den Worten Taten folgen lassen...

Keine einzige Frau kommt da vor. Frauen sollen sich wohl auf das Abtippen beschränken?

Ursula Köppke, Castrop-Rauxel

a. Was ist ein Bauherr?
b. Was stellen Sie sich unter einem Schadensinspektor vor?
Denken Sie dabei an Versicherungen, die z. B. nach Unfällen für kaputte Autos die Reparaturen zahlen müssen.
c. Wer ist der Mann vom Außendienst? Seine Arbeit sieht in jeder Firma anders aus. Was ist ein gleichbleibendes Merkmal?
d. Stellen Sie sich vor, Sie sind für die Werbung dieser Firma verantwortlich. Wie hätten Sie auf diesen Leserbrief reagiert und wie hätten Sie den Werbetext verändert?

2. *Ergänzen Sie diese Sätze:*

a. Welche Sprachen sprechen Sie?
(Ich habe inzwischen vergessen, ...)
b. Ich bin erst zurückgekommen.
(vor einer Woche)
(aus England)
c. Ich habe gearbeitet.
(ein halbes Jahr)
(in Frankreich)
(als Au-pair Mädchen)
d. Sie können vorbeikommen.
(nächsten Montag)
(wenn Sie Zeit haben)

e. Die Preise sind gestiegen.

(ganz schön)

(im letzten halben Jahr)

(in dem ich in Italien war)

(Ich habe schon gemerkt, daß . . . . .)

3. *Setzen Sie ein:* welchen, welche, welches

a. Ich halte dieses Gehalt für zu niedrig.

. . . . . Gehalt halten Sie für angemessen?

b. Unser Verkaufschef hält diesen Preis für zu hoch.

. . . . . Preis hält er denn für richtig?

c. Ich spiele weder Fußball noch Tennis.

. . . . . Sport treiben Sie denn?

d. Fräulein Baumann spricht drei Sprachen, Englisch, Französisch und Italienisch. . . . . . Sprache spricht sie am besten?

e. Ich lese jeden Tag Zeitung.

. . . . . Teil der Zeitung interessiert Sie am meisten?

4. *Setzen Sie ein:* (mit) welcher, welchem, welchen

a. Ich muß morgen nach Köln fliegen.

Mit . . . . . Maschine wollen Sie denn fliegen?

b. Ich kann mich leider nicht mehr erinnern, in . . . . . Restaurant wir damals gegessen haben.

c. Hast du dir aufgeschrieben, in . . . . . Büchern du etwas über dieses Problem nachlesen kannst?

d. Herr Dr. Schneider durfte uns nicht sagen, von . . . . . Prüfern unsere Arbeiten korrigiert werden.

e. Die Wissenschaftler haben immer noch nicht herausgefunden, von . . . . . Stoffen der Krebs verursacht wird.

f. Schreiben Sie bitte, bei . . . . . Firma Sie zuletzt gearbeitet haben.

5.

Diktieren Sie die ganze Korrespondenz? Wird die ganze Korrespondenz diktiert?

a. Wir exportieren 60% unserer Produktion nach Australien.

b. Den Umzug und die Miete bezahlt die Firma.

c. Die Demonstranten forderten eine Studienreform.
Von den Demonstranten . . . . .

d. (Der Personalchef) hat die lange Berufserfahrung beim Gehalt berücksichtigt.

e. Den größten Teil der Arbeit erledigt seine Sekretärin.

f. Das Fahrgeld übernimmt die Firma.

g. Die meisten Firmen verlangen eine Probezeit von drei Monaten.

6. *Heute sind Sie der Gastgeber! – Fragen Sie Ihre Gäste, was sie wünschen.*

> Ich habe Starkbier und Exportbier. – Was (welches) möchten Sie lieber?

a. Ich habe Rotwein und Weißwein im Keller.

b. Sie können Weißbrot oder Schwarzbrot haben.

c. Meine Frau hat Kartoffelsalat und Tomatensalat gemacht.

d. Hier sind belegte Brote mit Schinken, mit Ei und mit Käse.
 . . . . . haben Sie noch nicht probiert?

e. Was, Sie sind mit der Straßenbahn gekommen?
Mit . . . . . Linie sind Sie denn gefahren?

f. Ich habe Zigaretten mit und ohne Filter.
 . . . . . darf ich Ihnen anbieten?

g. Verzeihung, ich habe gerade nicht zugehört.
Über . . . . . Schauspielern haben Sie gerade gesprochen?

h. Hier sind zwei karierte Mäntel.
 . . . . . gehört Ihnen?

7. *Setzen Sie ein:* welcher, welche, welches

a. Im Kühlschrank ist leider kein Bier mehr, aber ich habe noch . . . . . im Keller.

b. Wir sind heute nur fünf. Hoffentlich kommen noch . . . . . .

c. Ich habe keinen Käse mehr. – Das macht nichts, ich hole schnell . . . . . .

d. Sag mal, hast du eigentlich an die Blumen gedacht? – Ja, ich habe . . . . . aus der Stadt mitgebracht.

e. Haben wir noch unbenützte Gläser? – Ja, auf dem Kühlschrank stehen
 . . . . . .

f. Ich habe dieses Buch in einer Buchhandlung in der Innenstadt gesehen. In ..... weiß ich leider nicht mehr.

g. Diese Geschichte habe ich von einem meiner Kollegen gehört. Aber ich weiß nicht mehr von ....

8. *Führen Sie die Dialoge entsprechend dem Beispiel aus und setzen Sie ein:* wogegen, woran, worauf, worüber, wozu

> Wir unterhalten uns gerade über die Probezeit von Fräulein Schüler. – Worüber unterhaltet ihr euch gerade? – Über die Probezeit von Fräulein Schüler! – Darüber habt ihr euch doch erst gestern unterhalten.

a. Bei dieser Stelle kommt es vor allem auf eine selbständige Erledigung der Korrespondenz an.
(bei den meisten Stellen, die heute ausgeschrieben sind)

b. Unsere Firma arbeitet gerade an einem Projekt für den Export.
(seit einem Jahr)

c. Meine Frau benutzt den Wagen nur zum Einkaufen.
(Sie könnte aber auch das Fahrrad benutzen.)

d. Die Anträge der Opposition richten sich gegen eine Änderung des Ladenschlußgesetzes.
(auch die Anträge der Gewerkschaften)

e. Herr Fuchs ärgert sich über die unfreundliche Bedienung.
(bei unserem letzten Besuch)

9.

Sie haben nun Stellenanzeigen und Stellengesuche gelesen und verschiedene Einstellungsgespräche gehört. Sie wissen jetzt, worauf es ankommt. Schreiben Sie eine Anzeige für eine deutschsprachige Zeitung, mit der Sie eine Stelle in der Bundesrepublik suchen.

Lektion 20

1. Fotografieren – ein weitverbreitetes Hobby

Nach einer Statistik, die im Jahr 1972 erstellt wurde, besaßen etwa 80% aller Haushalte in der Bundesrepublik mindestens eine Kamera. Pro Kopf und Jahr, Kleinkinder und Säuglinge mitgerechnet, werden zwischen 28 und 30 Aufnahmen gemacht. Das bedeutet, daß im Jahr etwa 1,77 Milliarden Mal auf den Auslöser gedrückt wurde. 73% aller Bilder werden in Farbe aufgenommen.

Diese Zahlen werden von den Fotografen in Japan noch weit übertroffen. Dort werden pro Jahr beinahe 3 Milliarden (3 000 000 000) Aufnahmen gemacht. Die japanischen Fotoklubs haben zusammengerechnet beinahe 100 000 Mitglieder.

„Ach, Liebling, könntest du noch einen Schritt zurücktreten!"

Ob diese Fotoamateure in Schwarz-Weiß oder in Farbe fotografieren – eines haben sie in der ganzen Welt gemeinsam: Ihr wichtigstes Motiv ist die eigene Familie. Man will auf Bildern festhalten, wie die Kinder heranwachsen, wer auf den verschiedenen Familienfesten zu Besuch war und wo man seinen Urlaub verbracht hat.

Und noch etwas haben Fotoamteure in der ganzen Welt gemeinsam: Sie sehen sich ihre Bilder durchschnittlich ein- bis zweimal an und legen sie dann in die Schublade – für immer.

2. *Lesen Sie den Text im Lehrbuch noch einmal durch und beantworten Sie dann folgende Fragen mit ein bis zwei Sätzen:*

a. Wovon hängt der Erfolg der Arbeit eines Luftbildfotografen ab?

b. Wer bestellt Luftbilder bei Hannelore Baur?

c. Fotografiert Frau Baur nur in der Bundesrepublik?

d. Was fotografiert sie in Brasilien?

e. Als Luftbildfotograf braucht man eine besondere Ausbildung. Was braucht man außerdem noch?

f. Kann man für Luftbildaufnahmen jede Kamera benützen?

3. *Setzen Sie folgende Wendungen jeweils in den richtigen Satz ein:*

1. bei geöffneter Kabine **2.** mit großem Erfolg **3.** von großer Bedeutung **4.** trotz strenger Kontrollen **5.** nach langem Hin und Her **6.** wegen starken Nebels **7.** ohne ausreichenden Grund **8.** bei gleicher Arbeit

a. Eine gute Zusammenarbeit mit dem Piloten ist . . . . . für den Erfolg eines Luftbildfotografen.

b. . . . . . reisen immer wieder ausländische Arbeiter illegal in die Bundesrepublik ein.

c. In vielen Betrieben bekommen Frauen . . . . . weniger bezahlt als ihre männlichen Kollegen.

d. . . . . . fanden wir endlich ein Hotel, das uns gefiel und das uns nicht zu teuer war.

e. Ist es nicht gefährlich, ... aus dem Flugzeug heraus zu fotografieren?

f. Die Maschine konnte . . . . . nicht landen.

g. Die Polizei hat einem meiner Bekannten . . . . . den Führerschein abgenommen.

h. Die Gewerkschaften haben . . . . . gegen einen späteren Ladenschluß protestiert.

4.

> Soll man die Zigarettenreklame verbieten? –
> Ja, die Zigarettenreklame muß verboten werden.

a. Soll man die Geschwindigkeit auf den Autobahnen begrenzen?

b. Soll man die Industriefirmen zum Schutz der Umwelt zwingen?

c. Soll man das Ladenschlußgesetz ändern?

d. Soll man den Zuzug ausländischer Arbeitnehmer bremsen?

e. Soll man über dieses Thema noch einmal diskutieren?

f. Soll man im Lebenslauf auch den Mädchennamen der Mutter angeben?

5.

> Wer gibt die Luftaufnahmen zur Veröffentlichung frei? Das Innenmini-
> sterium? – Die Luftaufnahmen müssen vom Innenministerium zur Ver-
> öffentlichung freigegeben werden.

a. Wer stellt eigentlich die Wohnungen für die Gastarbeiter zur Verfügung? Die Gemeinde? – .....

b. Wer zahlt die Kosten für die Fahrt von der Wohnung zur Arbeitsstelle?
Die Firma? – Die Fahrtkosten .....

c. Wann ist jeweils die Miete zu bezahlen? Jede Woche oder am Anfang
des Monats? – .....

d. Wer verabschiedet eigentlich die Gesetze? Der Bundestag oder der Bun-
desrat? – .....

e. Wie macht man die Bevölkerung am besten auf den Umweltschutz aufmerksam? Durch Hinweisschilder? – .....

6. *Setzen Sie folgende Wörter in der richtigen Form ein:* auspacken, begrenzen, berücksichtigen, erlauben, konstruieren, planen, vertreten, verbieten

a. Wir sind schon seit zwei Tagen aus dem Urlaub zurück, und die Koffer
sind immer noch nicht ..... .

b. Die BRD ist bei diesen Gesprächen durch den Außenminister ..... .

c. Ein weiterer Ausbau der Teilstrecke ist für nächstes Jahr ..... .

d. Jugendliche unter 16 Jahren sind in der Statistik über das Zigaretten-
rauchen nicht ..... .

e. Bei einem einfachen Visum ist die Dauer des Aufenthalts auf drei Monate ..... .

f. Die Flugzeuge sind so ..... , daß man nach unten eine gute Sicht hat.

g. Rauchen ist in den öffentlichen Verkehrsmitteln schon seit ein paar
Jahren ..... .

h. Parties sind im Studentenwohnheim natürlich nicht ..... .

110

Lektion 21

1. Kleines Musikquiz

A. *Welcher Name gehört zu welchem Bild?*

a. Joseph Haydn b. Richard Strauß c. Wolfgang Amadeus Mozart
d. Johann Sebastian Bach e. Carl Maria von Weber f. Franz Liszt

B. *Welche Lebensdaten gehören zu welchem Komponisten?*

a. 1685–1750 b. 1811–1886 c. 1756–1791 d. 1786–1826 e. 1864–
1949 f. 1732–1809   →

C. *Welcher Komponist hat welches dieser Werke komponiert?*
   a. Die Zauberflöte b. Der Freischütz c. Der Rosenkavalier d. Die Ungarischen Rhapsodien e. Die Jahreszeiten f. Die Matthäuspassion

Bild 1 stellt .... dar.
      Er lebte von ..... bis ....
      Er komponierte unter anderem ....
      usw.

2.

> Diesen Film sollten Sie sich ansehen. Der wird Ihnen bestimmt gefallen.

a. Dieses Konzert sollten Sie sich anhören. .....
b. Diese Ausstellung sollten Sie sich ansehen. .....
c. Sie sollten sich einmal meine Bilder aus Schottland ansehen. .....
d. Du solltest einmal einen Rundflug über die Alpen machen. .....
e. Herr Kaufmann sollte sich einmal die Prospekte vom Schwarzwald ansehen. .....

3. ich werde, du wirst .....

> Ich benachrichtige Sie sofort.
> Ich werde Sie sofort benachrichtigen, wenn Ihr Flugticket da ist.

a. Ich schreibe dir sofort.
    ....., wenn ich in New York angekommen bin.
b. Herr Müller ruft Sie sofort an.
    ....., wenn er aus Hamburg zurück ist.
c. Nach 1985 steige ich nie wieder in ein Flugzeug.
    ....., denn dann gibt es eine Schnellbahn von München nach Hamburg.
d. Im Jahr 2000 gibt es nur noch Supermärkte.
    ....., wenn weiterhin jedes Jahr 3000 Lebensmittelgeschäfte schließen.
e. Ganz sicher geht die Zahl der Verkehrsunfälle zurück.
    ....., wenn die Geschwindigkeitsbegrenzung auch auf Autobahnen eingeführt wird.

f. Wir sehen uns wahrscheinlich erst nächstes Jahr wieder.
..... , wenn Sie nicht vorher noch einmal nach Deutschland kommen.
g. Das Studium ist grundsätzlich kostenlos.
..... , wenn die Studienreform vollständig abgeschlossen ist.

4. *Lesen Sie diese Sätze und schließen Sie sie an die folgenden Sätze an:*

Das werde ich mir noch überlegen.
Damit wirst du kein Glück haben.
Daran wirst du keine Freude haben.
An diesen Abend werden wir noch lange denken.
(Aber) dem werde ich noch einmal richtig meine Meinung sagen.
Das werden wir schon sehen.

a. Ich habe mir kürzlich von einem Gebrauchtwagenhändler ein ganz billiges Auto gekauft. – .....
b. Ich habe meinen Paß vergessen, aber ich werde versuchen, so über die Grenze zu kommen. – .....
c. Wenn Ihnen diese Arbeit gefällt, können Sie nächsten Monat bei uns anfangen. – .....
d. Hoffentlich hat es Ihnen bei uns gefallen. – .....
e. Meinem Chef konnte ich heute wieder einmal nichts recht machen.
.....
f. Ich habe keinen Pfennig Geld mehr, und du hast nur noch zwei Mark in der Tasche. Was machen wir da? – .....

5. *Lesen Sie diese Sätze:*

Er sagte, es gäbe ein gutes Dutzend Musikhochschulen in der BRD.
Er sagte, du müßtest mindestens zwei Empfehlungen schicken.
Er dachte, du könntest nebenbei etwas Geld verdienen.
Ich glaube, er würde sich wirklich freuen, wenn du ihn anrufen würdest.
Er schrieb, er hätte sich nicht vorgestellt, daß das Studieren in Deutschland
so kompliziert ist.

Ein Bekannter von Ihnen möchte in Köln studieren. Er weiß aber nicht,
welche Unterlagen er benötigt. Sie haben sich für ihn erkundigt und dabei
folgende Auskunft erhalten:

Wenn Ihr Bekannter in Deutschland studieren will, muß er seine Schulzeugnisse vorlegen. Er braucht mindestens eine Empfehlung eines seiner jetzigen Lehrer. Dann muß er auch einen handgeschriebenen Lebenslauf beilegen. Er muß auch nachweisen, daß er Deutsch spricht. Am besten ist ein Zertifikat des Goethe-Instituts. Wenn er nur schlecht Deutsch kann, muß er hier noch einen Kurs besuchen. Sobald wir die Unterlagen haben, werden sie geprüft. Anschließend entscheidet eine Kommission, ob er zum Studium zugelassen wird.

Fassen Sie diese Information in einem Brief an Ihren Bekannten zusammen!

Der Beamte sagte, du müßtest . . . . .

6. *Setzen Sie diese Wörter in der richtigen Form ein:*

der Abgeordnete, der Beamte, der Bekannte, der Angestellte, der Berufstätige, der Verwandte, der Reisende

a. Ein . . . . . der Opposition forderte die Regierung auf, mehr zu sparen.

b. Die meisten meiner Verwandten und Bekannten sind Lehrer, also . . . . ., die sich nicht vorstellen können, daß man auch einmal arbeitslos werden kann.

c. Dieses Klavier habe ich von einer . . . . ., die mit meiner Schwester Musik studiert.

d. An der Grenze wurden besonders die . . . . . kontrolliert, die sagten, sie hätten nichts eingekauft.

e. Gestern kam zu mir ein . . . . . der Kriminalpolizei und erkundigte sich nach Herrn Schulz.

f. Der Vater von Herrn Neumann war . . . . . bei Siemens.

g. Das Ladenschlußgesetz sollte besonders im Hinblick auf die . . . . . geändert werden.

h. Alle seine . . . . . waren dagegen, daß er seine Sekretärin heiratet.

7. *Lesen Sie diese Sätze:*

Mein Bruder ist ungefähr so groß wie ich.

Mit der Bahn bin ich fast genauso schnell in Frankfurt wie mit dem Flugzeug.

Eine Stewardeß verdient mehr als ein Lokführer.

Mein Mann kann besser kochen als ich.

Setzen Sie jetzt ein: so ..... wie; mehr, weniger, besser ..... als

a. Mein Kollege hat drei Monate versucht, sich das Rauchen abzugewöhnen. Jetzt raucht er wieder ..... viel ..... früher.

b. Der Münchner Fasching ist schon lange nicht mehr ..... lustig ..... früher.

c. Seit wir einen Fernseher haben, gehen wir viel ..... oft ins Kino ..... früher.

d. Als wir ihn das erste Mal hörten, spielte er schon sehr gut, aber ich glaube, jetzt spielt er noch .... früher.

e. Seit mein Mann Vorsitzender des Kegelklubs ist, sehe ich ihn noch .... früher.

f. Ich habe die Prüfung leider nicht ..... gut bestanden ..... ich gedacht hatte.

8.

Ich habe mit einem Bekannten telefoniert. Er ist Musiklehrer in Braunschweig.

Ich habe mit einem Bekannten telefoniert, der Musiklehrer in Braunschweig ist.

---

a. Dieses Buch habe ich von einer Bekannten. Sie kennt sich sehr gut aus in der modernen Literatur.

b. Diese Auskunft hat mir ein Beamter gegeben. Er kannte sich leider gar nicht gut aus.

c. Ich habe einen Verwandten. Er hat längere Zeit in Japan gelebt.

d. Herr Schäfer hat einige Verwandte in Amerika. Sie sind gleich nach dem Krieg ausgewandert.

e. Die jetzigen Ladenschlußzeiten sind für Berufstätige ungünstig. Sie kommen oft erst um 6 Uhr von der Arbeit.

f. Vergangene Woche haben wir die Rede eines Abgeordneten gehört. Er setzt sich seit vielen Jahren für eine Schulreform ein.

g. In der Halle saßen ungefähr 400 Reisende. Sie warteten schon seit 8 Stunden auf den Abflug.

h. Diesen Reisenden hatte das Reisebüro ein Abendessen versprochen. Es mußte aber erst aus der Stadt geholt werden.

115

1. Unerwünschte Folgen der Freizeitgesellschaft

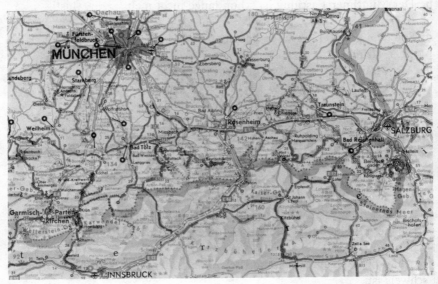

Lesen Sie diese typische Verkehrsübersicht[1], wie sie im Winter, und natürlich ähnlich auch im Sommer, jedes Wochenende im Autoradio zu hören ist, wenn das Wetter schön ist. Verfolgen Sie die einzelnen Angaben auf der Landkarte!

Zu einer letzten Information über die Verkehrsverhältnisse schalten wir um ins Nachrichtenstudio.

Dichter Rückreiseverkehr aus allen Wintersportgebieten. – Auf der Inntal-Autobahn 5 km Stau[2] vor dem Inntaldreieck bei Rosenheim in Richtung Norden. – Autofahrern in Richtung München wird empfohlen, ab Brannenburg über die U 8 nach Bad Aibling zur Autobahn München zu fahren. – Autobahn Salzburg–München. Zwischen Weyarn und Holzkirchen zähflüssiger[3] Verkehr in Richtung München. – Auf der Bundesstraße 13 zwischen Lenggries und Bad Tölz zähflüssiger Verkehr mit Stauungen. – Auf der Staatsstraße Miesbach–Weyarn Stauungen nach einem Verkehrsunfall. Der Überholstreifen in Richtung München ist blockiert. – Nun zu den Grenzübergängen. Sehr lebhafter Rückreiseverkehr nach Bayern. Zu längeren Wartezeiten kommt es am Salzburger Grenzübergang. Am Grenzübergang Kiefersfelden–Kufstein 15–20 Minuten Wartezeit. Am Achenpaß müssen die Autofahrer ebenfalls 15–20 Minuten warten. Auch auf allen Fernstraßen außerhalb Bayerns herrscht lebhafter bis dichter Verkehr.

Einige Wörter in diesem Text sind Ihnen unbekannt:

1. Die *Verkehrsübersicht* gibt Auskunft über den Verkehr auf den Straßen.
2. der *Stau* – Sehen Sie sich das Bild auf S. 16 in Ihrem Hauptbuch an. Vor dem Einkaufszentrum ist ein Stau. Die Autos stauen sich. Es gibt eine Stauung.
3. *zähflüssig* – Wasser ist flüssig. Ein Schnitzel kann sehr zäh sein. Honig ist zähflüssig.

2. *Ergänzen Sie diese Sätze:*

a. Die Arbeitszeit ist immer mehr verkürzt worden.
   (in unserem Jahrhundert)
   (in den modernen Industrieländern)
b. Der Mensch braucht mehr Zeit zur Erholung.
   (wegen der stärkeren Beanspruchung)
   (nach Ansicht von Medizinern und Arbeitspsychologen)
c. Man brauchte nur noch 2200 Stunden zu arbeiten.
   (ab 1972)
   (jährlich)
d. Zu erwähnen ist die Hinwendung zum Sport.
   (noch)
   (unter den positiven Auswirkungen der längeren Freizeit)

3.

Früher machte man am Sonntag nur einen Spaziergang.
Es war früher üblich, am Sonntag nur einen Spaziergang zu machen.

Verwenden Sie folgende Satzanfänge: Es ist/war erforderlich, falsch, normal, überflüssig, üblich, unmodern, unmöglich, schwierig

a. Früher mußte man auch am Samstag acht Stunden arbeiten.
b. Man hätte Herrn Schneider nicht einstellen sollen.

c. Man trägt schon lange keine halblangen Kleider mehr.

d. Man kam auf den verstopften Straßen nicht vorwärts.

e. Man kann uns in unserer Ferienwohnung nur schlecht anrufen.

f. Auch wenn man innerhalb Europas reist, braucht man unbedingt einen Paß oder eine Kennkarte.

g. Man hätte Herrn Neumayer nicht gleich den Führerschein abnehmen brauchen.

h. Viele machen zweimal im Jahr Urlaub. (Für viele ist es . . . . .)

4.

> Wir müssen sicher mit der Bahn fahren.
> Wenn der Bodennebel nicht weggeht, werden wir mit der Bahn fahren müssen.

a. Ich kann nicht arbeiten.
Wenn ich niemand finde, der auf meine Kinder aufpaßt, ...

b. Die Regierung muß strengere Maßnahmen einführen.
Wenn die Unfallzahlen nicht zurückgehen, ...

c. Wir können nicht in Urlaub fahren.
Wenn du nicht besser sparst, ...

d. Jochen will sicher nicht zu der Party kommen.
Wenn Susanne verreist ist, ...

e. Ich darf nicht zum Skifahren gehen.
Wenn mein Zeugnis im Februar nicht besser ist, ...

5. *Vergleichen Sie die unterstrichenen Wörter mit den entsprechenden Textstellen der Lektion. Dort finden Sie bessere Formulierungen!*

a. Die Arbeitszeit in den modernen Industrieländern ist immer kürzer geworden.

b. Soziologen nennen unsere Gesellschaft eine „Freizeitgesellschaft".

c. Achtzehn Stunden am Tag zu arbeiten ist nicht schädlich, sagte ein englischer Arzt.

d. Im nächsten Jahrzehnt wird jeder Bundesbürger voraussichtlich acht Wochen Urlaub im Jahr haben.

e. Heute muß man in fünf Tagen das leisten, wofür man früher eine ganze Woche Zeit hatte.

118

f. Die Steigerung der Arbeitsintensität ist <u>schädlicher</u> als eine längere Arbeitszeit.

g. Die Mehrzahl der Zivilisationskrankheiten <u>kommt</u> daher.

h. Die Fünftagewoche <u>hat</u> noch <u>einen anderen Nachteil:</u> die Überstunden.

i. Seit die Leute mehr Freizeit haben, treiben sie mehr Sport.

6. *Setzen Sie ein:* sich auswirken auf, sich bewerben um, sich ergeben aus, mit sich bringen, sich befassen mit

a. Die Steigerung der Arbeitsintensität und die damit verbundene Hektik am Arbeitsplatz . . . . sehr ungünstig . . . . . die Gesundheit der arbeitenden Bevölkerung . . . .

b. Die medizinische Forschung hat . . . . . erst relativ spät . . . . . die sogenannten Zivilisationskrankheiten . . . .

c. Da Herr Gärtner gerne reist, ... er . . . . . seit längerer Zeit . . . . . eine Stellung in einem Touristik-Unternehmen.

d. Die Argumente der Arbeitspsychologen gegen eine weitere Verkürzung der Arbeitszeit . . . . den Statistiken über die Zivilisationskrankheiten.

e. Eine weitere Verkürzung der Arbeitszeit würde wahrscheinlich mehr negative als positive Auswirkungen . . . .

7. *Lesen Sie folgende Fragen und Diskussionspunkte:*

a. Wer verdient an der wachsenden Freizeit?

b. Wovor warnen die Mediziner und Arbeitspsychologen?

c. Wie heißen die Krankheiten, die vor allem durch die größeren Arbeitsbelastungen verursacht werden?

d. Was wäre notwendig, wenn die Arbeit von fünf Tagen in vier oder gar nur drei Tagen geschafft werden sollte?

e. Welche Vorschläge würden Sie machen, wenn Sie z. B. als Politiker zu diesem gesellschaftspolitischen Problem Stellung nehmen müßten?

f. Die stärkeren Belastungen der Arbeitszeit wirken sich auch auf die Freizeit aus.

g. Die Hektik am Arbeitsplatz wird auf die Freizeit übertragen.

h. Am Wochenende sind die „Erholungsgebiete" in den Bergen und an den Seen, vor allem in der Nähe von Großstädten, so überfüllt, daß man sich nicht mehr erholen kann.

i. Auf den Straßen und Autobahnen ist so viel Verkehr, daß man oft Stunden braucht, um an sein Ziel zu kommen. Außerdem passieren an den Wochenenden besonders viele Unfälle.

j. Es gibt mehrere Möglichkeiten, den vielen Menschen am Wochenende oder während der Urlaubszeit zu entkommen: Entweder man fährt immer noch weiter weg, oder man sucht sich immer extremere Hobbys, wie zum Beispiel Fallschirmspringen oder Tiefseetauchen, oder man bleibt zu Hause.

Schreiben Sie nun anhand dieser Fragen und Diskussionspunkte und anhand des Lektionstextes einen Aufsatz zu dem Thema „Unerwünschte Folgen der Freizeitgesellschaft". Weitere Argumente und Formulierungen finden Sie vielleicht auch in früheren Lektionen, z. B. „das Anwachsen des Autoverkehrs" (L 3); „auf den Straßen der Bundesrepublik..." (L 4); „Wenn Sie im Juli verreisen wollen..." (L 5); „Der Kampf um den Feierabend"(L 8); „Sport oder Leichtsinn" (L 9).

8. *Schildern Sie einen Ausflug am Wochenende und verwenden Sie dabei auch die Formulierungen der „Verkehrsübersicht". Wenn Sie vom Skifahren nichts verstehen, können Sie auch über einen Badeausflug im Sommer berichten.*

„Daß du ja nicht wieder so rast wie letzten Sonntag!"

1. Die Wohnform der Zukunft?

Lesen Sie folgende fünf Feststellungen und schreiben Sie darüber einen Aufsatz:

a. In den modernen Großstädten sind weite Gebiete der Innenstadt unbewohnbar geworden. (große Bürogebäude, Verkehr, Lärm, schlechte Luft, wenig Grünflächen)

b. Mit zunehmendem Wohlstand ziehen immer mehr Menschen an den Stadtrand. (Ausverkauf der Grundstücke, hohe Baupreise, Zerstörung der Landschaft)

c. Die Stadtrandsiedlungen sind

121

meistens gedankenlos und schlecht geplant und lassen nur wenig Raum für individuelle Aktivitäten. (keine Spielplätze, Kinderfeindlichkeit, kein Platz für Hobbys und Parties; keine Kontakte mit den Nachbarn, keine individuelle Atmosphäre)

d. Der Mangel an individuellen Möglichkeiten ist schuld daran, daß die Menschen am Wochenende und im Urlaub zu Hunderttausenden in die Natur fahren. (ans Meer, in die Berge; in Hotels, die genauso schlecht gebaut sind wie die Siedlungen)

e. Es gibt nur wenige Möglichkeiten, diese Probleme zu lösen. (bessere Planung für die Zukunft durch Zusammenarbeit von Architekten, Soziologen und Psychologen; Erhaltung und Erneuerung, Modernisierung alter Wohnviertel)

2. *Ergänzen Sie diese Sätze:*
(Es gibt jeweils mehrere Möglichkeiten.)

a. Die Kinder brauchen ein Freizeitzentrum.
(in unserer Siedlung)
(ganz dringend)

b. Ein paar tausend Leute fahren zur Arbeit.
(jeden Tag)
(mit öffentlichen Verkehrsmitteln)

c. Man könnte ein Magengeschwür bekommen.
(bei dem vielen Ärger)
(in unserem Wohnviertel)

d. Die Nachbarn klopfen.
(alle naselang)
(wenn das Radio zu laut ist)

3. *Setzen Sie ein:* mit dem, der, denen (an, bei, neben, von, vor, zu)

a. Kennen Sie Herrn Brinkmann? – Ja, ... war ich in einer Klasse.

b. Waren Sie auch auf der letzten Bürgerversammlung? – Nein, ... (!) konnte ich leider nicht teilnehmen.

c. Haben Sie wieder einmal etwas von Herrn und Frau Weber gehört? – Ja, ... haben wir gestern telefoniert.

d. Weißt du, daß Klaus jetzt in Berlin wohnt? – Ja, ... habe ich schon einmal übernachtet.

e. Kennen Sie Annette von Droste-Hülshoff? – Ja, ... habe ich schon einmal etwas gelesen.

f. Weißt du, daß Herr Wolf unser Prüfer sein wird? – Ausgerechnet . . . . habe ich am meisten Angst.

g. Ist Herr Dr. Braun eigentlich ein guter Arzt? – Ja, ... gehe ich, seit wir hier wohnen.

h. Im Urlaub haben wir Herrn und Frau Schäfer kennengelernt. – So ein Zufall, ... haben wir mehrere Jahre gewohnt.

4.

Die Mieter fragt man nicht. – Die Mieter werden nicht gefragt.
Die Mieter fragte man nicht. – Die Mieter wurden nicht gefragt.
---

a. Die Bahnstation baute man natürlich erst zum Schluß.

b. Bei den wenigsten Siedlungen denkt man bereits bei der Planung an die Kinder, die dort einmal wohnen werden.

c. Als man uns vor zwei Jahren diese Wohnung anbot, kostete sie um 12 000 Mark weniger als jetzt.

d. Kurze Zeit nachdem wir eingezogen waren, rief man uns zu einer Bürgerversammlung auf.

e. Unter anderem schlug man uns vor, daß wir die Kinderspielplätze selbst fertigstellen sollten.

f. Erst als wir protestierten, stellte man uns die notwendigen Baumaterialien zur Verfügung.

g. Durch den frühen Ladenschluß zwingt man die Berufstätigen, in der Stadt einzukaufen.

h. Vor dem Umzug gilt der Grundsatz: Was man nicht mehr braucht, wirft man weg.

5.

Man kann den Lärm nicht aushalten.
Der Lärm war nicht auszuhalten.
---

a. Den Balkon kann man überhaupt nicht benutzen.

b. Jetzt kann man leider nichts mehr machen.

c. Man muß noch hinzufügen, daß uns ein Schwimmbad versprochen war. (Es ist noch . . . . .)

d. den Schaden kann man nicht mehr gutmachen.

e. Bei dieser Diskussion muß man hinzufügen, daß die Bewohner dieser Siedlung zwei Jahre auf öffentliche Verkehrsmittel gewartet haben.

f. Man muß den Wasserverbrauch einschränken.

g. Man muß die Bürgerversammlungen rechtzeitig bekanntgeben.

6.

Setzen Sie ein: der Wohnblock, das Wohnheim, die Wohnlage, der Wohnort, der Wohnungsbau, die Wohnung, das Wohnzimmer

a. Der Staat muß den sozialen . . . . . besser unterstützen.

b. Während des Studiums wohnte ich in einem . . . . . .

c. Wir sind ganz leicht zu finden. Wir wohnen nämlich in dem ersten . . . . . auf der rechten Seite.

d. Unser . . . . . ist für diese Möbel viel zu klein.

e. Beatpartys sind in der . . . . . natürlich verboten.

f. Die wichtigsten Geschäfte sind ganz nah. Wir sind also mit der . . . . . sehr zufrieden.

g. Wenn Sie sich um diese Stelle bewerben, geben Sie bitte auch Ihren jetzigen . . . . . an.

7.

> Haben Sie die Wohnung selbst tapeziert? –
> Nein, ich habe sie tapezieren lassen.

a. Sie haben doch sicher Ihre Möbel nicht selbst in den 4. Stock hinaufgebracht!

b. Haben Sie Ihre Möbel selbst aufgestellt?

c. Sie haben Ihre Garage doch nicht etwa selbst gebaut?

d. Wissen Sie, ob Herr Neumayer die Baupläne für sein nettes Haus selbst gezeichnet hat?

e. Stimmt es, daß Herr Bauer das ganze Haus selbst gestrichen hat?

f. Es würde mich wundern, wenn Kaufmanns sämtliche Angelegenheiten mit dem Grundstücksverkauf selbst erledigt hätten.

8. *Was würden Sie einem Reporter antworten, wenn er Sie zu folgenden Fragen interviewen würde?*

a. Wie finden Sie die Aussicht von Ihrer Wohnung?
b. Wie ist der Kontakt mit den Nachbarn?
c. Finden Sie, daß in Ihrer Siedlung für die Kinder und Jugendlichen ausreichend gesorgt ist?
d. Gerade ältere Menschen lesen gerne. Was hätte für sie getan werden müssen?
e. Was fehlt den älteren Menschen in Ihrer Siedlung sonst noch?
f. Wie steht es mit den Einkaufsmöglichkeiten?

Von den folgenden Sätzen können Sie zum Teil mehrere zu einer Antwort auf die Fragen des Reporters zusammenfügen. Verwenden Sie dazu Wendungen wie: ..... nicht schlecht, aber ..... ; dazu kommt noch, daß ..... *usw.*

Die Häuser hätten nicht so nah aufeinander gebaut werden dürfen.

Die einzige Aussicht, die man hat, sind die Balkone von den Häusern gegenüber.

Die Spielplätze hätten nicht direkt neben der Hauptstraße gebaut werden dürfen. Außerdem müßten sie größer sein.

Es wäre besser gewesen, statt eines großen Einkaufszentrums mehrere kleine Läden zu bauen.

Die Hauptstraße hätte auf keinen Fall mitten durch die Siedlung gebaut werden dürfen.

Für die Jugendlichen müßte unbedingt noch ein Freizeitzentrum angelegt werden.

Gerade für ältere Menschen ist es ungünstig, daß es kein nettes Café oder ein hübsches Restaurant gibt.

Vielleicht hätte man auch daran denken sollen, eine städtische Bücherei einzurichten.

Der Kontakt mit den Nachbarn dürfte besser sein.

Die Läden dürften nicht um halb sieben schließen.

Die Mieter müßten sich natürlich auch selbst um einen besseren Kontakt mit ihren Nachbarn bemühen.

Lektion 24

1. Die Entwicklung der Raumfahrt

3. Juni 1957

Russischer Erdsatellit fertig

Moskau, 2. Juni (UP). Der erste künstliche Erdsatellit ist jetzt in der Sowjetunion abschußbereit. Nach einer von der „Prawda" am Samstag veröffentlichten Mitteilung des Präsidenten der sowjetischen Akademie der Wissenschaften, Nesmejanow, haben die sowjetischen Wissenschaftler nach jahrelangen Arbeiten jetzt die Raketen und alles nötige Zubehör für den Erdsatelliten fertiggestellt, der für wissenschaftliche Beobachtungen innerhalb des Geophysikalischen Jahres 1957/58 abgeschossen werden soll. Er wird die Erde in der „relativ geringen Höhe von mehreren Hundert Kilometer umkreisen, um die Beschaffenheit der oberen Schichten der Atmosphäre zu erkunden".

8. Oktober 1957

Der künstliche Mond rast weiter um die Erde

Geschwindigkeit fast unverändert / USA planen Trabanten mit Fernsehkamera

Hamburg (dpa) Funkstationen in aller Welt verfolgen weiterhin die Signale des ersten sowjetischen Erdsatelliten, der bis Montagabend rund 40mal die Erde umkreist hat. Die Geschwindigkeit des künstlichen Mondes, die etwa 29 000 Kilometer in der Stunde beträgt, scheint sich nicht verändert zu haben.

Am Montag legte er die 7500 Kilometer lange Strecke von New York nach Moskau in 16 Minuten zurück. Von Paris nach Berlin benötigte er nur zwei Minuten. Auf seiner elliptischen Bahn hat der Trabant bis Montagmittag rund 1,65 Millionen Kilometer und damit die viereinhalbfache Entfernung von der Erde zum Mond zurückgelegt.

13. April 1961

Erster Raumflug eines Menschen

Sowjetisches bemanntes Raumschiff nach Erdumkreisung sicher gelandet / Ich fühle mich wohl, sagt der 27jährige Pilot

Moskau, 12. April – Als erster Mensch ist am Mittwoch ein Russe zum Flug in das Weltall gestartet und unversehrt wieder zur Erde zurückgekehrt. Der 27jährige Major der sowjetischen Luftwaffe, Juri Alexejewitsch Gagarin, wurde um 9.07 Uhr Moskauer Zeit in einer 4725 Kilo schweren Raumkapsel in den Weltraum geschossen. Gagarin kehrte nach einem Flug von einer Stunde und 48 Minuten auf die Erde zurück. Der Major erklärte unmittelbar nach seiner Landung, er fühle sich wohl und habe weder eine Nervenstörung noch Verletzungen erlitten. In Moskau und zahlreichen anderen Städten der Sowjetunion kam es bereits kurz nach der Radiosondermeldung

vom Start des bemannten Raumschiffs zu öffentlichen Freudenkundgebungen.

„Man kann alles gut sehen"

Am Mittwochabend verbreitete Radio Moskau in einer Bandaufnahme das Gespräch, das Gagarin während des Flugs mit der Beobachtungsstation auf der Erde führte. Die Mitteilungen des sowjetischen Astronauten lauteten: „Beobachte die Erde. Die Sicht ist gut. Wünsche euch das Beste. Man kann alles gut sehen, nur einige Gebiete sind bewölkt. Der Flug geht normal weiter. Alles an Bord ist normal. Ich fühle mich gut, und auch die Apparaturen an Bord funktionieren planmäßig."

127

Die ersten Menschen auf dem Mond

Armstrong und Aldrin planmäßig gelandet — Die Astronauten im „Meer der Stille"

R. H. New York, 20. Juli

Das Zeitalter der menschlichen Reisen nach fremden Himmelskörpern hat am Sonntag, dem 20. Juli, begonnen. Die Landefähre der Apollo 11 mit den Astronauten *Neil A. Armstrong* und *Edwin K. Aldrin* an Bord ist nach einem bis in die letzten Einzelheiten programmgemäß verlaufenen Flug um 21 Uhr 17 Minuten und 40 Sekunden MEZ im vorgesehenen Landegebiet des Mondes niedergegangen.

2. *Ergänzen Sie diese Sätze:*

a. Sein Buch enthielt alle Probleme, die sich beim Bau eines Raumschiffes ergeben.

    (auf 92 Seiten)

    (für die Raketentechnik)

b. Die Wissenschaft ging über Oberths Thesen hinweg.

    (Es ist unverständlich, daß . . . . .)

    (noch im Jahr 1923)

c. Der Regisseur Fritz Lang war auf die Idee gekommen, einen Film zu drehen.

    (durch Oberths Buch)

    (über eine Landung auf dem Mond)

d. 1969 betrat der Amerikaner Neil Armstrong den Mond.

    (als erster Mensch)

    (vierzig Jahre nach der Uraufführung des Films „Die Frau im Mond")

3.

Man kann Maschinen bauen, die höher steigen können als die Erdatmosphäre reicht.

Er behauptete, man könne Maschinen bauen, die höher steigen könnten als die Erdatmosphäre reicht.

a. Diese Maschinen können den Anziehungsbereich der Erde verlassen.
b. Man kann mit diesen Maschinen Menschen transportieren.
c. Man kann die Raketentechnik wirtschaftlich nutzen.
d. Noch vor dem Jahr 2000 kann man mit einem bemannten Raumschiff zum Mars fliegen.
e. Innerhalb von dreißig Jahren kann man die Sahara in Ackerland verwandeln.
f. Spätestens im Jahr 2000 kann man seinen Urlaub auf dem Mond verbringen.

4.

Seine Pläne werden realisiert werden.
Niemand glaubte, daß seine Pläne realisiert werden würden.

---

a. Im nächsten Jahrhundert werden Wohnhäuser auf dem Mond gebaut werden.
   Niemand interessierte sich für die Frage, ob . . . . .
b. Die Sahara wird einmal bewohnbar gemacht werden.
   Im Jahr 1980 hielt es niemand für möglich, daß . . . . .
c. Ganze Städte werden unter der Oberfläche des Meeres gebaut werden.
   Genauso wenig glaubte man den Wissenschaftlern, die behaupteten, daß
   . . . . .
d. Wernher von Braun wird einmal berühmt werden.
   Damals hätte niemand gedacht, daß . . . . .
e. Dieser Film wird ein Welterfolg werden.
   Der Regisseur hatte vergeblich gehofft, daß . . . . .
f. Die Schnellbahn von Hamburg nach München wird erst im nächsten Jahr fertiggestellt werden.
   Schon vor zwei Jahren hieß es, daß . . . . .

5.

Die Kinder werden sich sicher wohlfühlen.
Wir hatten gehofft, daß sich die Kinder wohlfühlen würden.

---

a. Horst wird diese Prüfung nicht bestehen.
   Wir hatten nie gedacht, ...

b. Man wird nur noch an fünf Tagen in der Woche arbeiten.

Im letzten Jahrhundert hätte kein Arbeiter gedacht, daß . . . . .

c. Er wird einen Studienplatz an der Musikhochschule in Detmold bekommen.

Takao Ito hatte nicht mehr damit gerechnet, daß . . . . .

d. Du wirst begeistert sein, wenn du diese junge Dirigentin erst einmal gesehen hast.

Ich war sicher, daß . . . . .

e. Die Studenten werden die Universität besetzen.

Die Polizei hatte bereits damit gerechnet, daß . . . . .

6.

Diese Pläne lassen sich *realisieren*.
Diese Pläne sind *realisierbar*.

---

a. Diesen Vorschlag kann man durchaus *annehmen*.

b. Eine Lösung dieses Problems läßt sich durchaus *denken*.

c. Die Landung eines Menschen auf dem Mond konnte man sich noch vor zwanzig Jahren *nicht vorstellen*. (nicht = un . . . . .)

d. Diese Straße kann man im Winter nicht *befahren*.

e. Diese beiden Statistiken lassen sich nicht *vergleichen*.

f. Das Schreien der Kinder konnte man ganz deutlich *hören*.

7.

Er bekam Hilfe. Endlich konnte er experimentieren.
Er bekam Hilfe, so daß er endlich experimentieren konnte.

---

a. Die Arbeit wurde rationalisiert. Man muß nur noch an fünf Tagen in der Woche arbeiten.

b. Das System der Wettersatelliten wurde verbessert. Man kann jetzt das Wetter für vierzehn Tage voraussagen.

c. Oberth stellte in seinem Buch die Weltraumfahrt sehr ausführlich dar. Man konnte die Probleme der Raketentechnik gut verstehen.

d. Beim Anflug auf den Mond traten Fehler in der Steuerung auf. Die Mondlandung mußte abgesagt werden.

e. Die Hektik am Arbeitsplatz wurde immer größer. Jetzt leiden viele Berufstätige an sogenannten Zivilisationskrankheiten.

8. *Setzen Sie ein:*

a. sich auswirken auf
Die technischen Entwicklungen des Raketenbaus ....
viele Bereiche des täglichen Lebens ....

b. sich beschäftigen mit
Oberth hatte ..... bereits als Jugendlicher ..... den Problemen der
Raumfahrttechnik ....

c. sich einstellen auf
Die Industriebetriebe .... nur langsam ..... die menschlichen Bedürfnisse der Arbeitnehmer ....

d. sich entscheiden für
Die Professoren der Heidelberger Universität konnten ..... nicht
..... (!) ....., Oberths Forschungsprogramm zu unterstützen.

e. sich ergeben für
Es läßt sich noch nicht genau sagen, welche Probleme ..... aus dem
schnellen Bevölkerungszuwachs in einigen Ländern ..... die ganze
Menschheit ....

f. sich richten gegen
Es ist schwierig zu beweisen, daß ..... die Entwicklung der Raketentechnik nicht ..... andere Länder ....

9.

Die Entwicklung des amerikanischen Raumfahrtprogramms hat viele Milliarden Dollar gekostet. Für das sowjetische Raumfahrtprogramm wurden mindestens ebenso große Summen aufgewendet. Es gibt viele Menschen, die der Meinung sind, daß man dieses Geld besser hätte anders verwenden sollen, z. B. um den unterentwickelten Ländern zu helfen, um Hunger und Krankheiten zu bekämpfen. Andere sagen, daß die Entwicklung der Raumfahrt die Menschheit einen großen Schritt weitergebracht hat. Außerdem haben die Menschen damit nicht nur das Weltall erobert, sondern nebenbei auf vielen Gebieten, z. B. auch in der Medizin und der Ernährungswissenschaft, neue Erkenntnisse gewonnen, die sich bereits auf unser alltägliches Leben auswirken.

Versuchen Sie, für beide Standpunkte möglichst viele Argumente zu finden und begründen Sie abschließend Ihre eigene Meinung!

Lesen Sie dazu auch diese Zeitungsmeldung:

Unmittelbar nach der Landung von Armstrong und Aldrin protestierte eine Gruppe von Studenten in Houston unter einem Modell der Mondfähre. Sie sangen Lieder und verteilten Flugblätter. Darin hieß es, daß sie wie alle Amerikaner diesen hervorragenden Erfolg begrüßten, aber nach Ende dieses Fluges sollten die USA keine bemannten Weltraumflüge mehr unternehmen, sondern sich auf den Kampf gegen die Armut konzentrieren.